U0720738

深度学习

项目式学习设计与实施案例

史丽英　主编

PBL

济南出版社

图书在版编目（CIP）数据

深度学习：项目式学习设计与实施案例 / 史丽英主
编 . —— 济南：济南出版社，2024.6
ISBN 978-7-5488-6378-6

Ⅰ.①深… Ⅱ.①史… Ⅲ.①小学－教学设计 Ⅳ.
①G622.0

中国国家版本馆 CIP 数据核字（2024）第 109928 号

深度学习：项目式学习设计与实施案例
SHENDU XUEXI: XIANGMUSHI XUEXI SHEJI YU SHISHI ANLI
史丽英　主编

出 版 人　谢金岭
责任编辑　李冰颖　姜海静　郑红丽
装帧设计　王益久　李 一　刘 畅

出版发行　济南出版社
地　　址　山东省济南市二环南路 1 号（250002）
总 编 室　0531-86131715
印　　刷　山东天马旅游印务有限公司
版　　次　2024 年 6 月第 1 版
印　　次　2024 年 7 月第 1 次印刷
开　　本　170mm×240mm 16 开
印　　张　14.5
字　　数　180 千字
书　　号　ISBN 978-7-5488-6378-6
定　　价　68.00 元

如有印装质量问题 请与出版社出版部联系调换
电话：0531-86131716

编 委 会

序一

在这个知识爆炸、信息迭代、人工智能迅猛发展的时代，教育的本质和学习方式正在经历前所未有的挑战。我们站在一个新的历史节点上，回望过去，展望未来，教育的使命比以往任何时候都显得更加重要而迫切。由北京亦庄实验小学史丽英校长主编的《深度学习：项目式学习设计与实施案例》一书，正是在这样的背景下诞生的。它的诞生经历了近十年全体教师团队的理论思考和全体师生的实践探索，它用改革实践的事实回应了教育部深化基础教育课程教学改革的部署，希望这本书的出版能推动广大中小学教师对培养学生核心素养的研究和创新实践。

本书的核心理念是以学生发展为中心，这一理念贯穿全书始终。作者不仅深入探讨了项目式学习的理论与实践，更是提出了一套切实可行的教学策略和方法。这些策略和方法，不是空洞的理论堆砌，而是经过实践检验的智慧结晶。书中精选的项目式学习案例，涉及多个学科，展示了跨学科学习和在真实情境中迁移能力的培养之路；明确指出了项目式学习的三个关键因素：学习目标的明确设定、一致性评估体系的建立以及陷入困境的体验过程的重要性；同时也提出了四个实施策略：合理规划学习时间，打造具有多元功能的学习空间，设计多样化学习内容，开发多种学习方式。这些策略就像是建筑师的蓝图，为构建一个高效、生动、多元的学习环境提供了坚实的基础。特别值得关注的是，在评价学生综合素养的过程中，老师们得当地利用了现代教育技术，对学生的学习数据进行客观记录与分析。这种新型的评价模式，不再是仅仅关注单一的考试成绩，而是对学生全面能力的立体展示。它能够帮助教师更准确地把握学生的学习进度和能力发展，同时也让学生在自我反思中获得成长。

本书高度关注了"深度学习"的本质，展示了项目式学习与深度学习之间的紧密联系，确认了项目式学习是实现深度学习的重要方式和手段。深度学习是一种基于理解和应用的学习方式，强调高阶思维、批判性思维、创造性、合作与沟通能力等。从本书的案例中可以看到，项目式学习目标的设定具有一定的挑战性，教师们在设定学习目标时进行了跨学科的知识重构，采用多种方式鼓励学生积极参与，推行探究式学习，发展学生的合作交流能力。这一过程中，学生已成为学习的主体，教师则是引导者和协助者。

从案例中，我们可以发现：

教师设计的问题和任务具有开放性，能激发学生的好奇心和探究欲，而且这些问题和任务没有唯一的答案，允许多种可能性的存在，从而鼓励学生从不同角度思考问题，培养他们的创新思维。

教师创设的学习环境是富有支持性的，能让学生感到安全和自信。在这样的环境中，学生愿意分享自己的想法，不怕犯错，乐于接受挑战。教师通过小组合作学习、讨论会和角色扮演等活动，促进学生之间的交流和合作，帮助他们学会倾听、表达和协商。

教师自觉地引导学生进行深入的反思。反思是深度学习的核心环节，它能够帮助学生审视自己的学习过程，理解自己的思维模式，发现自己的不足，并制定改进的策略。教师通过日志写作、同伴评议和自我评估等方式，引导学生进行有目的的反思。

教师努力整合现实世界的情境，让学生将所学、所能、所思应用到实际生活中。

《深度学习：项目式学习设计与实施案例》是一本充满智慧和温度的书。它的出版发行，将传播我们对新时代基础教育的新理解、新观念、新策略。北京亦庄实验小学全体师生改革的热情和成果，将鼓励和鞭策我们砥砺前行。

　　是为序。

中国教育学会顾问委员、教育部原基础教育课程教材发展中心主任

序二

当前，学校教育高质量发展面临着诸多新的挑战，例如，如何助力发展新质生产力，如何深化课程教学改革，如何变革学校教育的育人方式，如何助力拔尖创新人才培养等等。本书是以项目式学习方式促进学生全面发展的精彩著作，旨在面向新时代，回应教育教学变革以及课程教材创新的新形势、新任务、新要求。早在2019年，项目式学习的理念就被写入中共中央国务院颁布的《关于深化教育教学改革全面提高义务教育质量的意见》，并在2022年《义务教育课程方案》和各学科课程标准中"全面开花"，从而迎来了项目式学习实践发展的春天。

新一轮课程改革创新点体现在两大方面：一是坚持聚焦核心素养，面向未来。依据学生终身发展和社会发展需要，明确育人主线，加强正确价值观引导，重视必备品格和关键能力培育；精选课程内容，注重培养学生的爱国情怀、社会责任感、创新精神和实践能力，奠基未来。二是变革育人方式，突出实践。加强课程与生产劳动、社会实践的结合，充分发挥实践的独特育人功能；突出学科思想方法和探究方式的学习，加强知行合一、学思结合，倡导"做中学""用中学""创中学"。

项目式学习的理念完全契合上述变化：聚焦核心素养和变革育人方式。核心素养导向的新课程标准对教育目标、课程教学内容与方式以及教育评价产生了深远影响，引发了对学科素养、跨学科学习、项目式学习、学科实践等概念的大讨论。广大教育研究人员和理论工作者也开始对基于理解的设计、深度学习、表现性评价等领域开展理论研究，带动实践领域对大概念、大单元、大主题等教与学的实践探索。其中，项目式学习由于其深刻的价值意蕴和强大的实践逻辑，在深化基础教育课程改革、创新教与学方式过程中具有重要作用。

北京亦庄实验小学（简称"亦小"）是北京十一学校第一所分校，从建校那天起，就肩负重要使命：秉承十一学校的办学理念和价值追求，致力于打开小学课程改革的通道，构建满足学生成长需求的发展体系。在北京师范大学项目学习课题组专家的助力下，亦小深入探索项目式学习对学生发展的重要功能和价值；在北京十一学校办学理念的浸润下，从全课程到学习蓝图，亦小通过持续的沉浸式教学变革，打造出一系列成功的教学案例。全国各地的教育工作者来访亦小，学习其成功的经验。每位到访的教育同仁都会对亦小教师的专业水平和学生的全面发展表示高度赞扬。亦小的案例强有力地展示了项目式学习如何有效推动学校课程与教学的深刻变革。

我见证了亦小近几年的快速发展，特别是以项目式学习助推学校课程教学创新的实践理路。我认为，亦小项目式学习的生态建设之成功，离不开十一总校的更高水平育人模式的顶层设计，离不开学校的贯彻落实，更离不开全校教师作为能动的变革者的理念更新和行为变化。本书第一、二章为诸位读者呈现了学校项目式学习课程建设与教学创新的顶层设计；第三章呈现了项目式学习设计与实施的典型案例、经验；第四章呈现了项目式学习成效评价的循证平台与过程，展示了利用现代教育技术进行学习数据客观记录与分析的新型评价模式。这种评价方式注重过程与个性，真实地捕捉学生在项目学习中的每一步成长，为个性化教学和学生能力挖掘提供了坚实支持。我深信，不论您是一线教师，还是校长、教研员等，均能从本书中获得很多灵感，从而为深化本校的课程教学变革、培育面向未来的合格人才找到切入点、突破口。

育人方式变革之路任重而道远。亦小课程教学变革模式为全国基础教育学校提供了可借鉴的新样态。未来已来，面向未来的学校教育高质量发展应将基于项目式学习的育人方式变革作为"支点"，撬动学校课程教学创新。应试为重心的教育模式，当休矣！指向核心素养培育、关注现实问题解决的项目式学习理应成为学校课程教学创新的重要路径！

是为序！

桑国元

北京师范大学教授、博士生导师，北京师范大学项目学习课题组负责人

目　录

PBL

第一章

素养时代的
学习者困境

进入 21 世纪，伴随着全球化进程加快，人类社会处于一个高度信息化阶段，研究"学生发展核心素养"作为落实立德树人根本任务的重要举措应运而生，这也是适应教育改革发展趋势、提升我国教育国际竞争力的迫切需要。学生发展核心素养主要是指学生应具备的、能够适应终身发展和社会发展需要的必备品格和关键能力，许多国家或国际组织把"核心素养"作为育人目标的"大观念"，据此建构目标体系。

面对素养时代带来的全方位挑战，每一位教师、学生、家长都是教育的直接相关者，在这场教育改革洪流中扮演不同的角色——教师是新教育理念的学习者，学生是新型知识成果的学习者，家长是新家校关系的学习者。终身学习意识是不同类型的学习者适应时代变化的必备品格，对提高人口整体素质、适应经济社会高质量发展具有重要意义。

进入素养时代的这些年，教师、学生、家长在这场教育变革中有收获，有希冀，有进步，也有迷茫……不同角色下的学习者们还适应吗？他们都有哪些代表性困境呢？笔者所在的学校是一所在城乡接合部，承载"十一（北京十一学校）理想"并将之开花、结果，带给人们更多美好教育希望的，面向未来的小学。我们以我校教师、学生、家长作为样本，以"访谈+问卷"的方式，对素养时代下的学习者困境进行追问，抛砖引玉，希望能够带给大家一些启发。

一、学生的渴望与挑战

学生是校园学习的主体，向往多姿多彩的校园生活、渴望自我独立、勇于迎接挑战是这一群体一直以来的真实需求。通过面向全校学生征集的问卷，我们发现，各年级学生对"自主、合作"学习的感受相对淡薄，学生普遍希望自主讨论、自主探究、小组合作等学习方式多一些，学习更自主一些，并希望增加可支配的自由活动和学习时间。在与学生的一对一访谈过程中，有几段特别有趣的表达：

小 A 说："我和小 B 是好朋友，她特别想管理好班级，但总是有同学故意'唱反调'，以后我要帮助她提升这方面的领导能力！"

小 C 说："我在公交车的电视上看到一个节目《身边的好学校》，××区的一所小学有烹饪课和缝纫课，我也想体验一下。"

小 D 说："我不想过周末，想每天住在学校里。"

小 E 说："我们学校的戏剧课很有意思，我很喜欢在小剧场展现不一样的自己。"

小 F 说："我想让每节课都长一点。"

我们能从中感受到学生对"素养"的需求真实而又热烈，美好而又直接。每一位孩子的需求都是极具浪漫主义情怀，且充满个性色彩的，他们的困境在于"知识"与"好玩""自主"的对立，在于个体力量弱小、无力影响现状与强烈革新愿望的对立，这其实也是社会带给他们的刻板印象导致的，例如，小孩就是要听大人的话，学校只是学习的地方，学生最重要的职责是学习等。我们倡导把资源用在距离学生最近的地方，对学生提出来的切合实际的愿望，我们都会予以重视，比如，在学校二期加建方案里，我们已经把烹饪教室、缝纫教室、木工教室、陶瓷教室等全部纳入计划。我们竭尽全力满足孩子的一切合理需求，帮助孩子在体验中成长为更好的自己。

在这里，学习不仅是指传统意义上知识的学习，还包括通过知识的迁移运用来解决生活中真实的问题。源于困境的自主探索更能激发学生强大的内驱力，让学生充分探索不同问题的解决方法，这是培养学生综合能力的过程，是让学生真正爱上学习、学会学习，爱上生活、学会生活的过程。学生提出的解决方案还能真正地在校园里、教室里发挥作用，这种成功的喜悦和价值感会对他们产生深远的积极影响。自信独立、睿智好学是每一位教师对学生最朴素的期待。

二、教师的角色转变和终身学习

对教师来说，最明显、最直接的转变便是课程目标由知识本位到素养本位的转变，传统的基于"课时""知识点"的教学设计难以匹配素养目标，素养目标的达成需要设计与之相匹配的学习方案，学校课程组织形式也要从学科逻辑（重视某一学科领域内的知识体系）走向生活逻辑（重视学生的知识与经验的改变），也就是说，课堂教学要从学科立场向教育立场转型。强调以学生核心素养为灵魂的育人目标、素养本位的单元教学设计、跨学科教学以及真实情境下的问题解决等，对习惯了知识本位的教学设计、分科教学的教师来说，无疑带来较大的冲击，如何顺利转型是一线教师直接面临的挑战。教师是课程改革成败的关键因素，先进理念是课程改革的火种，但必须通过一线教师的具体实施才能转化为学生的发展进步。思想上，教师要转变身份，认识到自己是终身学习者，这是拥抱变化的应有之势；行动上，要探索面向个体教育的多重路径，这也是一大难点。

访谈过程中，老师们面临的核心问题聚焦如下：

如何从教走向学？自己应具备怎样的素养？

学习方式的变革至关重要，该如何重新设计学习方式以适应学生的学？

如何进行教学设计，以给孩子更多自主探索的空间？

如何看到学生学习的真实困境，以实现深刻扎实的、面向个体的教育？

如何重建学习环境，以适应教学方式、学习方式的变化？有哪些方面的资源可以使用？

如何以多元评估激发学生潜能？如何以积极反馈提升学生学习动力？

如何采取措施帮助老师们更好地迎接素养时代的挑战体现了学校的战略高度，研究学生是寻找突破点的应有之举，解放思想是面对变化的必然思路。要让教师认识到学习内容不再局限于教材，各式各样的学习资源可以用适当的方式进入课堂；学习环境不再局限于教室的方寸，教室外的大千世界都可以成为研究的对象；还可以突破一节课40分钟的限制，根据研究内容自由组合课时长度；可以改变学习方式，让课堂以学生为中心，让学生成为学习的主人……

学生在小学阶段遇到的问题、困境能通过项目式学习得以解决，需要发展的能力也能得到提高，这对学生的素养发展意义重大。例如，五年级学生在遇到班级问题时，能向学校建议用PBL（问题驱动教学法）来解决问题；班主任老师在调查问卷中了解到有学生存在同伴交往的问题，设计了"好朋友日""道歉日"等专属日来柔性解决这一类问题；前期调研发现一二年级学生存在情绪调节问题，项目组老师设计了超学科课程"情绪杂货铺"，用课程的方式来解决生生之间、师生之间、亲子之间的矛盾，等等。这些形式多元的综合课程将不同课程要素与一个主题、问题或源于真实世界的情境联系起来，使学生获得理解与解决现实问题的能力。

三、家长的焦虑与需求

如何成为素养时代下的合格家长？大部分家长内心深处最关心的还是学习成绩，他们普遍反映："双减"后变得很焦虑，培训班没有了，如果孩子学习真跟不上怎么办？家长能理解培养孩子的领导、表达、团队协作等能力的重要性，明白只有具备这些软实力才能应对未来多元社会的挑战，但具体怎么做、怎么配合老师，他们不太清楚，而且看不见、摸不着的素养没有"分数"令人心里踏实，家长们不理解核心素养对学生学业目标的要求是怎样的。随着孩子年级增长，学生面对语文作文、英语阅读理解等时愈加力不从心，家长也有深深的无力感，不知道怎样辅助孩子才是对的。另外，新型的独生子女问题、二胎问题也成为千千万万个家庭必须面对的难题，有心解决，无力改变。

从素养时代下不同角色的学习者困境的表现形式来看，我们可以进一步发现：碎片化的学习内容缺乏对学生个体挑战欲的驱动，在改变学生学习方式的过程中，能够解决真实问题的学习任务显得至关重要；缺乏互动与空间的学习方式让学生失去了自主合作学习的机会，使得学生自主性不足，建立广泛而又灵活的学习共同体是助力个体发展的应选之式；忽略过程、关注结果的学习评价方式是阻碍学习者实现自我的障碍，要提高对学生的个别化关注，就必须关注学习过程的多元评价。而这些，是北京亦庄实验小学建校 10 年来全体教师一直努力的方向。这个过程中涌现了大量经过时间检验并多次迭代验证的优秀教育教学案例，谨以此书，纪念那些奋斗的日子。

PBL

第二章

以学生发展为中心的项目式学习

素养时代下，学生、教师和家长都面临着各自的困境。学生渴望更加自主、合作和体验式的学习，教师面临从知识本位到素养本位的角色转变和终身学习的挑战，而家长则焦虑于如何成为素养时代下的合格家长，并担忧孩子的学业和未来发展。这些困境共同指向了一个核心问题：如何更好地适应素养时代的要求，促进学生的全面发展？

以学生发展为中心的项目式学习正是为了解决这一问题。它强调以学生发展为中心，关注学生的真实需求和兴趣，通过设计具有挑战性的学习任务，让学生在解决问题的过程中发展核心素养。这种学习方式不仅能够激发学生的学习兴趣和动力，还能够培养学生的自主性、合作性和创新性，提高他们的综合素质和应对未来挑战的能力。

同时，以学生发展为中心的项目式学习也符合当前教育改革的趋势和方向。它强调跨学科学习，打破传统学科的界限，让学生在真实情境中学习和运用知识。这种学习方式不仅能够提高学生的学业成绩，还能够培养他们的批判性思维、沟通能力和团队协作能力，为他们未来的职业发展和社会生活打下坚实的基础。

因此，以学生发展为中心的项目式学习不仅是一种教育理念的创新，更是对素养时代下学习者困境的积极回应。通过推行这种学习方式，我们可以更好地满足学生的需求，促进他们的全面发展，同时也能够推动教师角色的转变和家长育人观念的更新，共同构建一个更加适应素养时代要求的教育生态系统。

一、多重挑战下的教学痛点

《义务教育课程方案（2022 年版）》中明确指出："探索大单元教学，积极开展主题化、项目式学习等综合性教学活动，促进学生举一反三、融会贯通，加强知识间的内在关联，促进知识结构化。""原则上，各门课程用不少于 10% 的课时设计跨学科主题学习。"这一要求的目的是突破单一学科教学的局限性，强调在学科实践活动中联结课堂内外和学校内外，以拓宽学生的学习和运用领域。同时，新课标也倡导围绕学科学习、社会生活中有意义的话题，开展阅读、梳理、探究、交流等活动，旨在通过多学科知识的综合运用，提高学生发现问题、分析问题和解决问题的能力。综上所述，项目式学习和跨学科整合旨在提高学生的综合素质和创新能力，以适应未来社会的多元化需求。

在素养教育的时代背景下，老师和学生都需积极适应新时代的要求，但老师在教育创新、教学方法更新以及个人职业发展方面所面临的挑战尤为突出。例如，老师在项目式学习设计时常常面临一个核心问题：如何确保项目产品与学科核心素养的匹配度，同时避免项目式学习相较于传统课时学习可能出现的效率低下问题？身为一线老师，我们将实施跨学科项目学习的困境问题梳理如下：

项目与学科知识、技能的匹配度问题。老师在设计项目时往往难以确保项目产品与学科知识、技能能紧密匹配，这可能导致学生在项目式学习中无法有效地掌握和应用相关的学科知识和技能。

时间消耗与效率问题。相比于传统的课时学习，项目式学习通常会消耗更多的时间。然而，由于时间资源的限制，老师往往面临着在有限时间内完成项目式学习任务并确保落实学习目标的挑战。这可能导致项目学习的效率低下，难以达成预期的学习效果。

学生的学习动力与参与度问题。项目式学习要求学生主动参与、积极探索和合作学习，但现实中许多学生可能缺乏学习动力，不愿或不会主动参与项目式学习。这可能导致项目式学习的参与度不高，影响学习效果。

老师的项目设计与实施能力问题。许多一线教师可能缺乏项目设计和实施的经验和能力。他们可能不知道如何选择合适的项目主题，设计有效的项目任务，引导学生进行探究学习等。这可能导致项目设计的质量不高，实施过程中遇到各种困难。

评估与反馈问题。在项目式学习中，评估学生的学习成果和及时提供反馈是非常重要的。然而，由于项目式学习的复杂性和多样性，教师往往难以制定有效的评估标准和提供有针对性的反馈。这可能导致学生无法及时了解自己的学习进度和存在的问题，影响学习效果。

本书旨在通过精选案例，为一线教师提供实用的指导和启示，以解决如何在项目实施过程中有效激发学生学习的内在动力这一核心问题，进而促进学科核心素养的落实。我们深知一线教师在教育实践中面临着诸多两难困境，如平衡教学进度与学生需求、整合教学资源与提升教学效果等。因此，本书案例不仅关注项目设计的科学性与创新性，而且着重探讨如何在项目实施过程中调动学生的积极性、主动性和创造性，使学习真正成为学生自我成长的过程。

二、项目式学习的设计路径

以学生发展为中心的项目式学习设计，紧密围绕学生的核心素养培养，通过明确学习目标、建立一致性评估体系和营造陷入学习困境的过程体验，激发学生的内动力，启动学生的元认知，并使学生深刻感受到学习的意义。

逆向设计理念强调从预期的学习结果出发，逆向规划教学活动，以确保学习目标的实现。在项目式学习中，通过大概念统整的学习目标，我们可以更加清晰地界定项目式学习的预期成果，确保项目产品与学科核心素养有效对接；还能有效解决老师在设计项目式学习时面临的痛点问题。这样的学习目标不仅能够确保项目产品与学科知识、技能的匹配度，还能提高学生的学习效率和学习深度，为学生的全面发展奠定坚实基础。在项目式学习过程中，指引学习进程的学习评估和陷入学习困境的过程体验也至关重要。通过持续的学习评估，老师可以及时了解学生的学习进度和困难，提供有针对性的指导和支持。而陷入学习困境的过程体验则能够促使学生深入思考，积极探索并寻求解决方案，进一步加深对大概念和学科概念的理解。

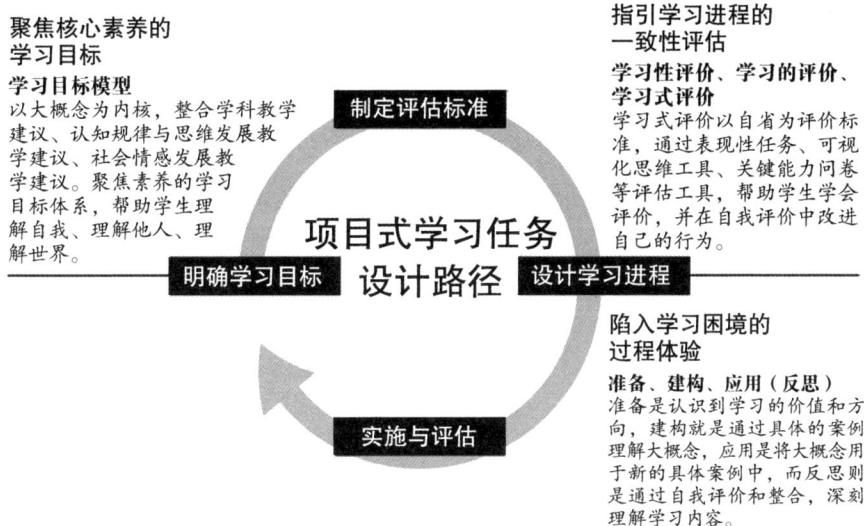

聚焦核心素养的学习目标

学习目标模型
以大概念为内核，整合学科教学建议、认知规律与思维发展教学建议、社会情感发展教学建议。聚焦素养的学习目标体系，帮助学生理解自我、理解他人、理解世界。

指引学习进程的一致性评估

学习性评价、学习的评价、学习式评价
学习式评价以自省为评价标准，通过表现性任务、可视化思维工具、关键能力问卷等评估工具，帮助学生学会评价，并在自我评价中改进自己的行为。

陷入学习困境的过程体验

准备、建构、应用（反思）
准备是认识到学习的价值和方向，建构就是通过具体的案例理解大概念，应用是将大概念用于新的具体案例中，而反思则是通过自我评价和整合，深刻理解学习内容。

制定评估标准　明确学习目标　设计学习进程　实施与评估

项目式学习任务设计路径

图 2-1　项目式学习任务设计路径

（一）聚焦核心素养的学习目标：唤醒学生内动力

基于北京十一学校联盟学习蓝图教育实验的丰硕成果，我们针对小学阶段的特点，精心构建了聚焦核心素养的目标体系。这一体系不仅深入解读了小学阶段应培养的核心品格和应启动的关键能力，还明确了促进学科融合的八大超学科概念。项目式学习作为落实核心素养的重要途径，其学习目标不仅着眼于学科知识与技能的掌握，更关注品格的塑造和关键能力的培养。在学习进程中，评估机制为老师和学生提供了清晰的指引，帮助他们了解学习者与学习目标之间的距离。

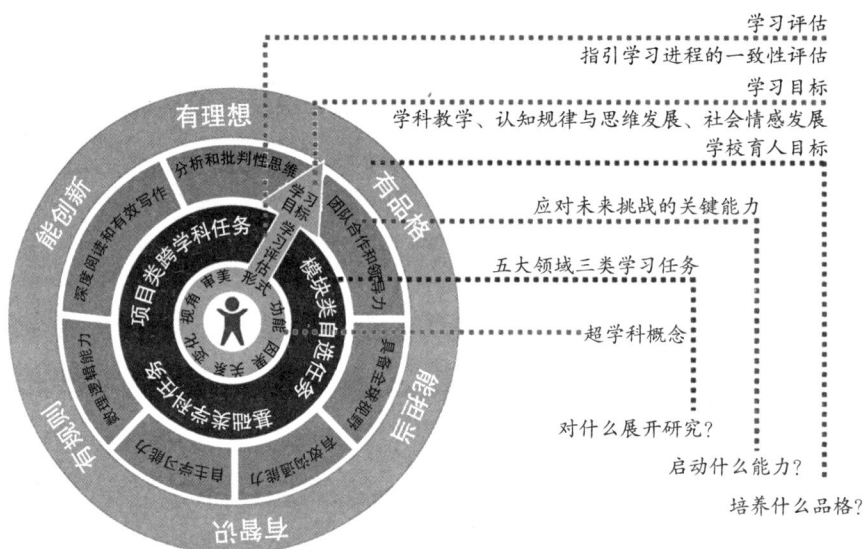

图 2-2 聚焦核心素养的目标体系

项目式学习以学生发展为中心，强调课程的综合性和统整性。在探究问题和完成项目的过程中，学生需要调动所有心理资源，深入理解知识，提高能力，培育态度和价值观。这种学习方法为学生提供了更多接触和探索大概念的机会。大概念作为高阶目标，具有综合性特点，能够在真实问题情境的引导下实现三维目标的联结与结构化，进而深度融合成学生的核心素养。

在学习目标模型中，我们特别强调了认知规律与思维发展和社会情感发展两个维度的重要性。这要求老师在明确目标阶段更加关注高阶思维和社会情感的培养。与大概念教学相契合的是，我们的教学重点不再仅仅注重冰山模型水面上可见的专家结论，而是更加注重冰山下面隐藏的专家思维。这种思维具有更强的可迁移性，对学生的未来发展具有重要意义。以"我是'低碳'探索者"项目的学习目标为例，可见超学科概念统整学科概念，让学习任务中的关键知识和技能相互联系，形成结构化的思想或观念；学习目标融合思维能力和社会情感发展，高阶带动低阶。

表 2-1　"我是'低碳'探索者"项目学习目标

核心观点	通过有效的能量转化和循环利用，实现能源节约和环境保护，为低碳生活方式提供关键支持。
超学科概念	因果：它为什么是这样的？ 道德：我们的责任担当是什么？
学科概念	数据：用统计图呈现数据，会更有效地帮助我们证明论点。 能量转化：利用能量转化可以节约能源，实现可持续发展。 环保：不断创新运用清洁能源，发展循环经济，能促进人类社会可持续发展。 交流：清晰的逻辑推理、可靠的信息来源和有感染力的表达，能有效支撑我们的论点，且更容易被他人接受。
学习目标	1. 能根据实际问题设计简单的调查表，能选择适当的方法（如调查、实验、测量）收集数据和信息。 2. 能通过对比分析，选择合适的统计图（条形、折线、扇形统计图）直观且有效地表示数据，能根据结果做出判断和预测，并向同伴解释、与同伴交流。 3. 能归纳提取零碳、低碳园区和场馆（如金风科技智慧园、冬奥速滑馆等）中应用的能量转化知识，提出合理的研究假设，利用控制变量的方法设计实验方案，再基于实验数据分析，论证能量转化方案的可行性。 4. 能够围绕主题，选择、组织和分析已知信息（文本、数据、实验），归纳提取自己的观点，并清晰有力地表达出来。

指向核心素养的学习目标之所以能够唤醒学生的学习内动力，主要归功于以下几个方面：首先，以大概念为核心的学习目标明确了预期的学习结果，为学生的学习提供了清晰的方向；其次，大概念的"大"体现了与未来真实生活的紧密关联，只有对生活有意义的知识才能真正激发学生的学习热情；最后，以大概念为核心的学习目标通过预测成功带来的成就感，进一步激发学生的学习动力。因此，这样的学习目标不仅实现了学科内知识的贯通，还为学生搭建了学校教育与现实世界之间的桥梁。

（二）指引学习进程的一致性评估：启动学生元认知

根据评价的核心意义，即"为何要进行评价"，我们可以将评价细分为三大类别：学习性评价、学习的评价以及学习式评价。其中，学习性评价旨在为学习的推进提供支撑，类似于形成性评价；而学习的评价则着重于评定学生的学习水平，与终结性评价相呼应；学习式评价则独树一帜，它旨在教导学生如何进行自我评价和反思，从而启动他们的元认知能力。在基础教育阶段，我们的评价目标并非简单地划分学生的优劣等级，而是助力他们的成长和发展。因此，学习式评价在这一阶段显得尤为重要，它不仅能够培养学生的自我评价能力，还能帮助他们在学习过程中不断调整策略、反思进步，设立更加合适的学习目标。对于这三种不同的评价类型，其评价标准也各有侧重。学习性评价追求"具体性"，因为只有具体、明确的评价标准才能为学习的推进提供有力的依据；学习的评价坚守"公平性"原则，确保每一位学生都能获得公正、客观的评价，从而根据他们的阶段性成果进行合理分类和筛选；而学习式评价则注重"自省性"，它鼓励学生自我评价、自我反思，进而培养他们的自主学习能力和解决问题能力。

培养学生成为能够在未来成功解决真实情境中的复杂问题的独立问题

解决者，是一项至关重要的任务。为实现这一终极目标，我们必须确保学习活动"根植于真实情境"之中，同时将真实性问题情境融入评价体系，引导教学和学习的方向。这种做法不仅使学习目标自然指向学生的素养培养，而且还强调了评估在项目式学习中的核心作用。

评估的设计和实施不仅要保障学习的质量和素养目标的达成，还要满足根据学生实际情况进行调整的灵活性。通过明确的目标（Goal）、角色（Role）、受众（Audience）、情境（Situation）、产品或表现（Product/Performance）和标准（Standards），为学生提供解决真实问题框架的 GRASPS 模型，为一线老师提供标准化的解决方案。GRASPS 是由格兰特·威金斯和杰伊·麦克泰格倡导的一种模型，旨在指导教师围绕基本问题设计真正的基于整体表现的评估内容。这一模型不仅促使学生将学到的知识和技能应用于解决具体问题，而且还通过模拟真实世界的角色和情境，增强学习的相关性和能动性。在这种情境下，学习评估自然转向了对学生解决问题能力、创新能力和批判性思维能力的全面和深入评价。

确保评估的准确性和有效性，关键在于选择与学习目标紧密相关的评价方法。这要求老师们深入理解学习目标的各个组成要素，并据此选择合适的评价工具和方法，从而构建一个全面、客观、科学的评价体系。通过这种方式，评估不仅反映了学生在特定项目中的表现，也为其提供了关于如何改进和进一步发展必要技能的反馈。在项目式学习中，GRASPS 模型强调对真实问题情境的评估，确保了学习活动与学生未来面临的真实挑战紧密相连。通过将评估嵌入真实世界的情境中，我们不仅能够有效地培养学生的综合素养，还能激励他们成为具备高度适应性和创新能力的终身学习者。因此，采用 GRASPS 模型是确保教育质量和达成素养目标的关键策略之一，它为学生提供了一个通过真实情境学习和评估、发展解决问题能力的有效平台。

下面是各个元素的详细解释。

目标：说明学生需要达成的具体目标或解决的问题，目标应该明确、具体，并与学习标准或期望成果相对应。

角色：定义学生在任务中扮演的角色，可以是真实的，也可以是模拟的，如科学家、编辑、环卫工人等，以增加学习的真实性和相关性。

受众：确定学生完成任务或项目的预期受众。这个受众可以是班级以外的其他学生、老师、专家或社区成员，使任务具有社会意义。

情境：描述任务的背景情境，包括任务发生的环境、所面临的挑战或限制。这有助于学生理解任务的背景，增强其投入感和紧迫感。

产品或表现：明确学生需要提交的最终产品或展示的表现形式。这可以是报告、演讲、视频、艺术作品、模型、数字作品等，应要求学生应用和展示他们的知识、技能和理解。

标准：列出评价学生工作的标准和评价准则，包括学生的工作应该达到的质量水平和具体期望。这有助于学生明确成功的标准，指导其学习过程。

（三）陷入学习困境的过程体验：感受学习的意义

学习过程可以看作是一个动态循环：始于激活具体经验，通过反思观察形成抽象概念，最终通过主动实验将这些概念应用回具体经验。这一过程不仅仅是对理论知识的学习，更重要的是能够引导学生对现实世界进行深入思考。为了使学习变得意义深远，并唤醒学生的学习兴趣，我们必须创造一个引人入胜的学习环境，激发学生的内在动机。

我们总结，学生的学习体验经过了"准备、建构、应用（反思）"三个阶段，我们在每个阶段都致力于深化学生的学习体验和理解。

准备阶段是为了激发学生的好奇心和学习动机，通过制造悬念和惊喜来引起学生的兴趣。教育者可以通过提出引人入胜的问题或挑战，让学生认识到学习的价值和方向，从而积极参与到学习任务中。

建构阶段，学生通过探究具体案例来理解核心概念和理论。在项目式学习中，学生面对一个核心问题，通过调用各种资源和知识，采用创造性方法解决问题。这一过程不仅仅是知识的积累，更是对学科或跨学科概念深刻理解的建构。

应用（反思）阶段是将建构阶段形成的概念运用到新的情境中，通过主动实验和实践来验证、扩展这些概念。在这一过程中，反思起到了关键作用。学生通过自我评价和整合，对自己的学习历程和成果进行深入分析，形成对学习内容的深刻理解，并能够在新情境中应用所学知识。

"探究六循环"的步骤，即引入、发现、梳理、进一步探究、反思、行动，为这三个阶段提供了具体的操作指南。这些步骤强调了从实践中学习和通过实践来验证理解的重要性。在每一个学习任务中，这六个步骤根据项目的具体内容而有所不同，以确保学习过程既具体又灵活。

引入（学科学习）
激发学习欲望和兴趣，师生共同制订学习计划。

发现（学科学习）
广泛调研，挑战认知，获得新经验。

梳理（学科学习）
分类、比较、整合、交流。

行动
行动呈现所学知识与自我的链接，运用知识解决问题。

反思
反思所学知识与学法，得出结论。

进一步探究
学生自主提出问题，师生共同梳理探究线索，学生制订探究计划。

图2-3 "探究六循环"示意图

以"神话"项目为例，学生从核心问题出发，深入探索神话在当今时代的意义和价值。这个项目不仅让学生走进神话世界，更通过每一个问题的探索，指引学生构建对学科概念、超学科概念的理解，最终通过展示和反思，展现他们的学习成果和深刻理解。这样的学习过程促进了学生对知识的深入理解和应用，帮助他们成为能够独立解决问题的学习者。

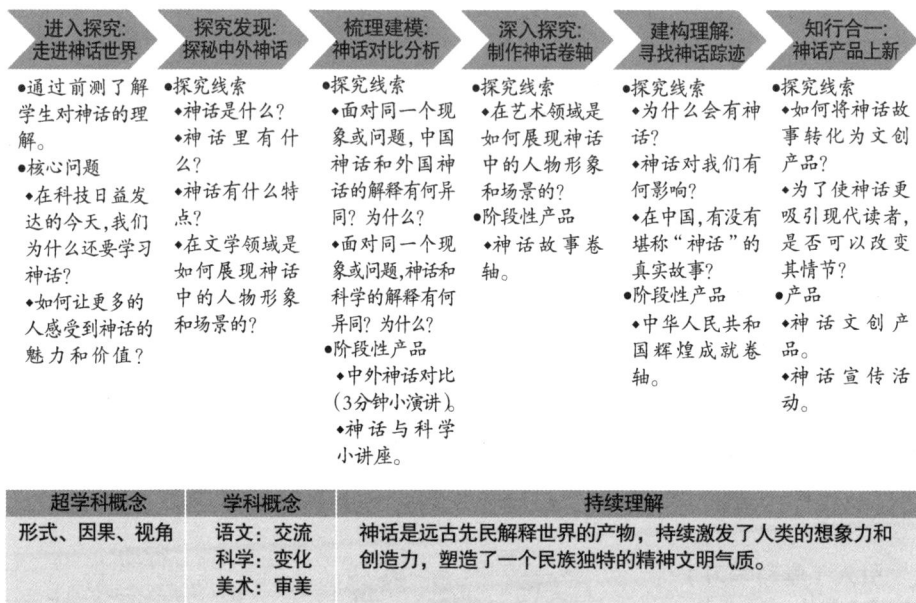

进入探究：走进神话世界	探究发现：探秘中外神话	梳理建模：神话对比分析	深入探究：制作神话卷轴	建构理解：寻找神话踪迹	知行合一：神话产品上新
●通过前测了解学生对神话的理解。 ●核心问题 ◆在科技日益发达的今天，我们为什么还要学习神话？ ◆如何让更多的人感受到神话的魅力和价值？	●探究线索 ◆神话是什么？ ◆神话里有什么？ ◆神话有什么特点？ ◆在文学领域是如何展现神话中的人物形象和场景的？	●探究线索 ◆面对同一个现象或问题，中国神话和外国神话的解释有何异同？为什么？ ◆面对同一个现象或问题，神话和科学的解释有何异同？为什么？ ●阶段性产品 ◆中外神话对比（3分钟小演讲） ◆神话与科学小讲座。	●探究线索 ◆在艺术领域是如何展现神话中的人物形象和场景的？ ●阶段性产品 ◆神话故事卷轴。	●探究线索 ◆为什么会有神话？ ◆神话对我们有何影响？ ◆在中国，有没有堪称"神话"的真实故事？ ●阶段性产品 ◆中华人民共和国辉煌成就卷轴。	●探究线索 ◆如何将神话故事转化为文创产品？ ◆为了使神话更吸引现代读者，是否可以改变其情节？ ●产品 ◆神话文创产品。 ◆神话宣传活动。

超学科概念	学科概念	持续理解
形式、因果、视角	语文：交流 科学：变化 美术：审美	神话是远古先民解释世界的产物，持续激发了人类的想象力和创造力，塑造了一个民族独特的精神文明气质。

图2-4 "神话"项目的学习过程

三、项目式学习的实施策略

项目式学习，作为以学生为中心的学习方式，注重自主、合作与个性化关注。在小学阶段的落实中，它涵盖了学习时间、学习空间、学习内容和学习方式四大核心策略。

在学习时间策略上，学校严格遵循《义务教育课程方案（2022年版）》中的"教学时间"要求，精心规划课程设置。为确保学生有充足的时间进行跨学科探索或项目式学习，尝试大小学段及长短课的时间设置。例如将一个学期分为三个学段——两个大学段和一个小学段，小学段一般设置在期中阶段，用于间隔两个大学段，每学年为期2～3周。此期间，学生可自主规划学习时间和内容，旨在培养他们的自主学习能力。

在学习空间策略上，致力于打造具有多元功能、支持探究实践的学习空间。划分班级教室功能区间、增设设施，支持学生的自主合作探究。此外，还可以打破传统学习环境的限制，将学习空间延伸至家庭、企业、博物馆等外部环境，并依托项目学习平台，鼓励学生创建个性化的第三学习空间。

在学习内容策略上，重点围绕项目类跨学科任务展开教学，为学生提供多样化的项目学习案例。这些案例在小学阶段得到了广泛实施，旨在帮助学生通过实践获取、理解与运用知识，培养他们的核心素养和创新能力。

在学习方式策略上，积极探索学科实践，强调以大单元、主题和项目式推进综合学习。注重"做中学"，引导学生参与学科探究活动，经历知识的发现、建构与应用过程。同时，加强知识学习与学生经验、现实生活、社会实践之间的联系，创设真实情境，增强学生解决实际问题的能力。为适应学习方式的变革，各学科研究自带动力的学习任务，激发学生的学习主动性。教师也积极开发学习工具、脚手架，提供个性化指导。

通过这些策略的落实，小学阶段的项目式学习得以有效实施，为学生构建一个丰富多彩、自主选择的课程环境。每一位学生都能在项目式学习中找到属于自己的成长路径，实现深度学习和个性化发展。

　　本书精心挑选并深入剖析的 11 个具有代表性和实操性的项目式学习案例，覆盖了小学一至六年级，在每个案例中，学生都能够在老师的指导下，亲身参与项目的规划、实施和展示过程，从而锻炼自己的思维能力、合作能力和创新能力，真正实现学科核心素养的落地生根。

　　我们相信，通过本书的学习和实践，一线教师将能够更好地应对素养时代的教学挑战，学生们也将在项目式学习中收获更多的成长和发展。

PBL

第三章

面向未来的
项目式学习

在传统的学科课堂中，学生们面对的问题常常是明确的，且经过高度提炼、抽象后的学习情境往往与真实生活关联度有限，解决方法通常也是固定且唯一的。然而，在学习生活中，学生却经常遇到不确定的、真实的成长困境。例如，在学科学习方面，学生可能会质疑语文、数学、英语等科目的学习与自己的日常生活有什么联系，以及如何将所学知识应用到实际生活中。在校园生活方面，学生可能会思考如何让年级运动会产生更大的影响，掀起运动热潮；或者如何设计自己的课间十分钟，如何装饰校园环境，学校又应如何支持学生。在自主挑战方面，学生对历史文化、科学技术、未来世界等领域充满了好奇心，他们想知道这些好奇心与"学习"是否相关，以及如何最大化地实现这些好奇心的价值。此外，学生还可能面对一些更深层次的问题，比如害怕上小学怎么办，或者感到不幸福时该如何应对。

这些问题都属于非结构化问题，具有情境性、开放性、综合性和复杂性的特点。在解决这类问题的过程中，学生需要主动搜集信息，联系已有的知识和经验来生成解决策略，并实施解决方案。这一过程不仅要求学生突破静态知识的传授，还要在动态学习中将知识转化为素养，这能有效地激发学生的学习兴趣，并且对于培养学生的迁移能力、提升元认知技能具有独特的价值。在这样的背景下，解决复杂的非结构化真实问题，需要通过集多个子任务于一体的综合性项目式学习来持续推进。

为此，我们根据学校开展项目式学习的问题视角，将项目学习案例分为四类：学科类、校园生活类、真实挑战类和自主成长类。在本章节中，我们将依次展示这四类项目的案例，通过这些具体的实践，探索如何将理论知识与实际生活紧密连接，以项目式学习为桥梁，激发学生的学习兴趣，培养他们成为能够独立解决问题的终身学习者。

第一部分 源于学科学习的项目

案例1 语文学科项目：一出好戏

一、学习任务介绍

（一）任务背景

在这个提倡全民阅读的时代，阅读，尤其是读一本好书，已成为学生成长中重要的一部分，正如歌德所说：读一本好书就是和许多高尚的人谈话。读一本好书，能让学生在完整的语言情境中思考，建构与发展语言能力，促进思维品质的发展，实现自我成长。

在新时代、新背景下，教育戏剧越来越成为一种有效的学习方式。有教育专家认为：戏剧可以展示和提高小学生探讨和回答问题的能力，在戏剧表演过程中，孩子可以自由思考、运用和发展自己的学习与生活技能，这对他们的全面发展十分有利。

当一本好书与一出好戏相遇，当文学文本中的人物复现于舞台之上，无论是书中的人物形象，还是场景的舞台再现，抑或是入木三分的情节复原，都充溢着文学文本意义与情景表现意义。

《木偶奇遇记》这部作品充满童趣，意蕴丰富。项目依托三年级教材中的童话单元，设计深入读童话、尝试写童话及生动演出的学习任务，为了达成掌握阅读方法、梳理故事脉络、认识匹诺曹，并上演舞台剧《木偶奇遇记》的目标，学生在项目中担任阅读者、演员、导演、舞台设计师、宣传人员等角色，在老师、同学、父母的协同下，选择角色、自制道具等，实现分工合作，不仅阅读一本跨越时空的好书，呈现出一部能引起普遍共鸣的戏剧展演，还实现了一次浸润心灵的自我成长。该项目共计 36 个课时，在三年级实施，涉及语文、数学、戏剧、劳动、美术、信息技术等学科知识。

（二）学习目标

在这个跨学科的学习项目中，我们以"一本好书能够跨越时空，引发普遍的共鸣"为核心观点，探索如何通过文学作品建立深刻的人际关系、多元的视角和创意的表现形式。项目通过三个超学科概念——关系、视角、形式，引导学生深入理解文学的影响力和戏剧的表现力。

"关系"概念帮助学生探讨文学作品如何与读者建立情感链接，如何通过戏剧的形式加深这种联系，引发观众的共鸣。"视角"概念鼓励学生从不同读者和人物的角度来理解故事，拓宽他们的思考和感知。"形式"概念着重于戏剧制作的实践，包括成功要素、人员分工以及学生可以担任的角色。

学习目标围绕这些概念设置，旨在培养学生的批判性思维、同理心、创造力和合作能力。在实践中，学生不仅能够深刻理解文学作品的内涵，评价故事中的人物行为，还能够理解并尊重不同的观点。通过小组合作，他们将参与舞台设计、道具制作、戏剧演出等活动，体验创意从提出到实现的整个过程，学习如何通过艺术表达自己的想法和情感，最终在戏剧演出中实现与观众的情感共鸣。

表 3-1　"一出好戏"项目学习目标

核心观点	一本好书能够跨越时空，引发普遍的共鸣。		
概念	关系	视角	形式
探究线索	1. 通过共读，书中哪里打动了我？为什么能够引发我的共鸣？ 2. 如何通过戏剧表演打动观众，让观众产生共鸣？	采访不同读者的读后感受，探访不同的人对书中主要人物的看法是什么。	1. 戏剧演出需要哪些必备的成功要素？ 2. 打造一出受欢迎的戏剧都需要哪些具体的人员分工？你能胜任哪些职责？为什么？
学习目标	1. 能积极运用联结等阅读策略，在自己有想法的地方进行批注；能够梳理故事情节，对不同阶段和情景下匹诺曹的表现做出评价。 2. 能够根据故事内容，梳理出"木偶"与"真正的孩子"的根本区别，能够从各种角度思考自己对人物的看法，并探访其他人的想法。 3. 能列举出自己喜欢或者不喜欢这个故事的理由，了解并接纳不同的人对故事的不同看法。 4. 能够通过小组合作，制作道具，演出一场受欢迎的、引发共鸣的戏剧。 5. 能选择合适的材料，合理使用工具，选择适合的制作方法，设计和制作道具、海报、邀请函、入场券，体验其中的乐趣。 6. 能够结合人物和情节的需要，选择合适的背景音乐和舞蹈，让戏剧表演更有感染力、表现力。 7. 能够用礼貌用语与组内同学沟通，合作完成戏剧演出。		

此次项目课程主要分为两部分，一是共读《木偶奇遇记》，二是演出这部戏剧。从关系、视角、形式三个概念出发，学生从共读故事、探究人物、联结自我、戏剧表演的成功要素等方面展开探究实践。项目课程的学习目标在核心观点、概念和探究线索的引导下，结合学生的学习规律和学习情况合理设定。学习目标的前三条呼应关系视角下的探究线索，学生通过联结策略，进行批注阅读，梳理"木偶"与"真正的孩子"的根本区别，更深入地认识和理解匹诺曹这个人物，通过阅读与讨论对故事的不同判断，

继而引发对整本书的共鸣。在这一过程中，老师要引导学生梳理故事、理解人物、联结生活、回归本身，帮助学生透过故事看到自身的成长。在戏剧展演的目标设定中，通力合作是"一出好戏"必备的成功要素之一。此外，在戏剧展演中，学生不仅要练习表演，还需承担制作道具、海报等物料及宣传的工作，辅助戏剧演出的音乐和舞蹈等要素也是由学生来准备，以上的学习任务和目标将在学习过程中共同培养学生的综合素养。

（三）学习评估

在此任务中，学生将担任观众、设计者、制作者、读者、表演者等角色，受众是同龄人、家长、老师。学生通过师生共读、亲子共读及生生互动等形式阅读《木偶奇遇记》，掌握阅读方法，了解人物特点，梳理故事脉络，通过深度阅读产生共鸣，在自己心目中对人物形象形成建构——每个人心中都有一个匹诺曹，并设计、呈现一出符合孩子心路历程的戏剧展演，指导自我成长。

表 3-2　"一出好戏"项目评价表

主要产品/表现	成功标准	评价方式	评价主体
《木偶奇遇记》阅读手册	1. 能用联结策略，阅读时批注自己的想法，并对匹诺曹的不同表现做出自己的评价。 2. 能通过设计棋盘等游戏完成对故事人物和情节的梳理。 3. 能够区分"木偶"和"真正的孩子"，形成对匹诺曹的自我理解。 4. 完成阅读手册的各个板块，书写认真，页面整洁。	班级内评价 小组内评价	生生互评 师生共评

主要产品/表现	成功标准	评价方式	评价主体
舞台道具	1. 设计新颖、美观，符合角色的特点和舞台需求，能够辅助剧目顺利演出。 2. 制作道具的材料合适，制作成型，有一定美感，能比较完整地呈现剧目人物或场景，满足剧目演出的要求。 3. 所做道具能够用在演出中，保证演出的效果。	小组内评价 班级内评价	生生互评 师生共评
宣传产品（海报、邀请函、入场券）	1. 设计新颖，有创意，布局合理，便于阅读。 2. 表述清晰，便于记忆，有宣传效果。	小组内评价 班级内评价	生生互评 家长评价
戏剧展演	1. 台词完整顺畅，演员之间有角色交流。 2. 有适当的肢体语言，能合理表达人物的想法和情感。 3. 演员表演时不背台、不笑场，尊重观众，能呈现一场比较精彩的演出。	小组内评价 班级内评价 级部评价	生生互评 师生共评 家长评价

二、学习任务的设计与实施

"一出好戏"项目式学习任务共有6个探究过程。首先，学生要在入项大课后初步萌发"如何策划一出戏剧，演出'我心中的匹诺曹'"的问题。在核心驱动问题的指引下，学生通过共读任务了解匹诺曹的经历，并联系、比较自身经历，梳理不同故事人物的宝贵品质。之后进一步探究，罗列演出中的所有职务，并根据自身优势、爱好等进行选择，全班共同策划一出戏剧展演。下面以探究导图的形式呈现探究思路。

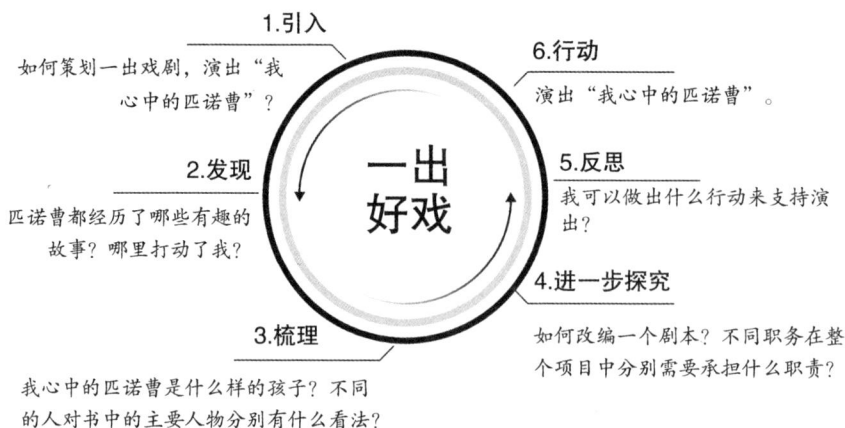

图 3-1 "一出好戏"学习任务探究导图

1. 引入：如何策划一出戏剧，演出"我心中的匹诺曹"？

子任务 1：入项活动，激发探究兴趣。

项目组老师介绍项目背景，特邀嘉宾借助盒子剧场激发学生的探究欲望。

子任务 2：明确探究方向，发布探究任务。

（1）教师提出引导问题（如演出需要的支持、演出呈现的内容、如何扩大宣传范围等），激发学生对《木偶奇遇记》这场演出的思考。

（2）学生借助问题进行头脑风暴。

①呈现一场演出需要哪些支持？

②如何协调人员分工？

（3）通过以上任务，明确项目目标。

过程剪影

火车老师亲手制作了精美的演出道具，学生们跟随着木偶的变化，看到匹诺曹从木块一点点变成孩子模样，不禁大声欢呼起来。顿时，小剧场充满了学生们的笑声、鼓掌声，他们纷纷表示："太想自己演一演了！"

图 3－2　学生观看木偶的变化

2. 发现：匹诺曹都经历了哪些有趣的故事？　哪里打动了我？

子任务1：了解共读手册，明确共读目标。

学生翻阅手册，了解共读手册的内容和使用方法，明确班级共同的阅读目标和计划。

子任务2：小组设定共读计划，班级内定期交流感受。

学生成立阅读小组，制订组内阅读计划，班级内定期交流，课上总结阅读方法。

有了这本共读手册，学生们的读书速度变慢了。为什么呢？因为他们习惯读完一部分，就借助共读手册深入思考一会儿。每天晨诵时、自习课时，班级都静悄悄的，因为他们都沉浸在匹诺曹的故事里。共读课上，也不会出现"一言堂"的情况，学生们会主动分享自己的想法，展示自己的作品，每个人都想站出来分享自己对故事的理解。

子任务3：借助趣味性工具，反馈阅读效果。

老师在读完《木偶奇遇记》之后，根据书中情节，结合学生的学习能力和语文素养，设计了闯迷宫、游戏棋盘等阅读活动，让学生了解其中有趣的故事，鼓励学生运用联结等策略进行阅读批注，关注哪些地方打动了自己。老师们通过学生的反馈，可以比较直观和客观地了解学生的阅读情况，激发学生的阅读兴趣。

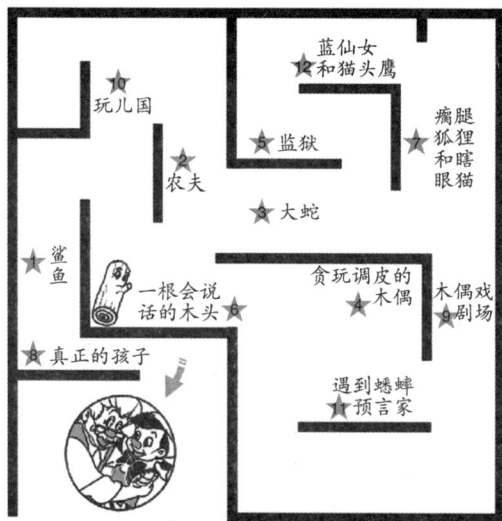

图3-3　《木偶奇遇记》阅读迷宫

板块一 故事人物与情节梳理

集体游戏：在卡片上写《木偶奇遇记》中出现的角色名字，再集结全班的角色卡片，按照角色出场顺序和故事情节排序。注意：角色不可以重复哦。

游戏设计师：请你根据《木偶奇遇记》的故事情节和故事人物，联系自己的棋盘游戏经历，设计棋盘游戏。期待你们的创作！

图 3-4 《木偶奇遇记》游戏棋盘

> ## 过程剪影

整本书阅读是为了给后续的戏剧展演打好基础。学生在有节奏、有反馈的共读计划中逐渐养成了坚持阅读的好习惯。同时，学生在众多趣味阅读活动中阅读原著，主动链接自身生活，不仅能了解故事的全貌，理解故事的情感内涵，而且能感受到读书的乐趣、成长的快乐。

3. 梳理：我心中的匹诺曹是什么样的孩子？ 不同的人对书中的主要人物分别有什么看法？

子任务 1：完成"我心中的匹诺曹"画像。

学生先在小组内讨论匹诺曹的特点：衣着、神态、个性化的地方，随后选定自己心中的匹诺曹形象，完成独属画像。

子任务 2：深入认识匹诺曹并采访其他人的看法。

（1）讨论"匹诺曹什么时候接近一个真正的孩子"，学生发表自己的看法。

（2）借助采访单，采访身边人对匹诺曹的看法，了解引起他们共鸣的内容，记录不同人的观点。

4. 进一步探究：如何改编一个剧本？ 不同职务在整个项目中分别需要承担什么职责？

子任务 1：了解剧本的构成要素，清楚改写标准。

学生查阅大量剧本，了解剧本的基本构成要素，并尝试改写课本剧。

子任务 2：构建联结，形成通用剧本。

学生联系自身成长经历，确定关键片段后，进行组内交流，形成剧本初稿。

过程剪影

"我们读剧本的时候发现了一个特别的地方。在剧本里，人物会说话，但他们的动作和脸上的表情都是另外写出来的。这真的好有趣啊！于是，我们试着改写了课本里的一个小故事，还邀请小伙伴来表演。哈哈，大家玩得真开心！后来，我们还挑战自己，选择了《木偶奇遇记》中的一些片段来改写。不过，最后的大任务还是老师帮助我们完成的。改写剧本真是一次愉快的体验！"学生们反馈说。

子任务 3：明确演出所需的资源支持。

（1）采访专业老师、身边有经验的人，了解将演出搬上舞台所需要的支持。

（2）小组交流，共同商讨，明确本次演出所需职务及相应职责。

①导演组：舞台调度，制作幻灯片，挑选音乐等；

②演员组：熟记台词，设计动作、表情（凸显人物品质）等；

③道具组：设计并制作演出所需的道具、头饰；

④宣传组：设计并制作宣传物料（入场券、门票、海报）等。

子任务4：职务竞选，合理分工。

学生从自身优势、成长期待等方面进行思考，选择心仪职务，准备竞选稿并发表演讲，公平选举。

过程剪影

全校闻名的小淘气在角色竞选时十分积极，她跑到老师身边说："老师，我要竞选仙女！"她在竞选仙女的时候这样说道："如果我能选上仙女，我保证以后一定像仙女一样，有爱心，善良，愿意帮助人。我保证！"看到她这么坚定，班主任也被她感动了，没想到平时的小淘气能说出这样的话！虽然她最后竞选上的角色是猫，但她并没有灰心。在课上，她总是坐在第一排，遇到不认识的字赶紧问同桌，两个人还互相考对方背诵台词。她在很短的时间内就把台词背下来了，而且背得又流利又有感情。第二天早上，她跑过来激动地对老师说："老师，我的台词都背会了，我昨天还设计了动作。"之前，她每天来得最早，但都是在教室里东晃晃西晃晃，现在，她安安静静地看着剧本，和小伙伴互相背诵台词。有了驱动力，孩子的自主能力也被激发出来了。

导师郭老师走进项目实施过程中的教室，发现每个孩子都十分投入。当日反思复盘时，有老师不禁发出"淘气包都去哪儿了"的感叹。

道具组的薛同学贴心地为班级演员制作了一个可以伸缩的鼻子，她说："这样才符合原著呀！我们读过书后都知道，匹诺曹一说谎，鼻子就会变长的！"

5. 反思：我可以做出什么行动来支持演出？

子任务1：走班学习，明确产出作品。

学生根据自己的职务制定个人时间表，清楚自己在项目学习期间的学习时间和学习地点，走班进入团队后，在导师的带领下学习专业知识，例如：如何制作道具，如何指导同伴表演等。

子任务2：小组合作，集中产出。

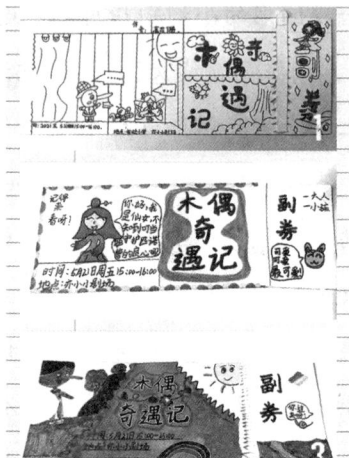

图3-5　学生制作道具、设计门票

6. 行动：演出"我心中的匹诺曹"。

子任务1：班级合排，打磨细节。

学生先分幕、分组排练，在排练过程中，学生担任导演，负责不同小组的排练，从台词、表情、舞台站位等方面给出不同的建议；老师统筹各个小组的排练情况。最后，配合音乐、道具、舞蹈等进行班级合排，再次打磨。

子任务2：正式演出，收获精彩。

经过前期准备，戏剧展演正式搬上舞台。学生们用真挚的情感、精湛的演技，将剧本中的角色演绎得活灵活现，给观众带去了欢乐与感动。同时，每一次演出都是一次自我挑战和突破，让学生不断地挖掘自己的潜力，收获不同的精彩。

图 3 - 6　《木偶奇遇记》展演

GRASPS　评估设计

项目名称：一出好戏

适用年级：二至三年级

表 3 - 3　"一出好戏" GRASPS 模型

目标（Goal）	通过共读《木偶奇遇记》，排演一部能引起普遍共鸣的戏剧。
角色（Role）	观众、设计者、制作者、读者、表演者等。
受众（Audience）	同龄人、家长、老师。
情境（Situation）	依托教材中的童话单元，经历品读童话、尝试写童话和剧本的过程，展演《木偶奇遇记》舞台剧。
产品或表现（Product/Performance）	《木偶奇遇记》阅读手册、舞台道具、戏剧展演。
标准（Standards）	能够梳理清楚故事情节，分析经典人物并与之产生共鸣；能够演出大家心目中的角色，实现自我成长。

项目设计成员：赵秀秀、张雅萌、冯慧敏、孙静、滕安宁、郭丽婷、孟庆玲、刘彦君、师嘉阳、王润琪、王诗妍、辛黄贤、于艳菲、张毅鑫、李竹平、王诗妍

案例 2　数学学科项目：八岁八公里

一、学习任务介绍

（一）任务背景

2023 年，习近平总书记在参加十四届全国人大一次会议江苏代表团审议时强调，我们的教育要善于从五千年中华传统文化中汲取优秀的东西，同时也不摒弃西方文明成果，真正把青少年培养成为拥有"四个自信"的孩子。这一指示不仅强调了文化自信的重要性，也为我们的教育提供了明确的方向：在保持开放的同时，更要深化对本国文化的理解和自豪感。

"八岁八公里"就是在这一背景下孕育而生的跨学科学习项目，旨在通过实践探索和跨学科学习，将学生的个人成长与民族自信紧密相连。二年级学生通过徒步北京中轴线的探索活动，不仅学习了关于京韵文化的知识，而且其个人素质和跨学科学习能力得到了显著提升。这种成长是个人自信的重要来源。

项目设计考虑到了学生的年龄特点，通过"徒步中轴线"的形式，让学生在亲身体验中学习和感悟，这种亲力亲为的过程使得文化学习不再是抽象的概念，而是变成了一种生动、具体的经历。在这一过程中，学生不仅对京韵文化有了深刻的理解，更重要的是，他们开始认识到自己作为中华民族一员的身份和责任，从而增强了民族自信心。

通过跨学科的融合学习，学生们在语文、数学、体育、音乐和美术等多个领域内获得了知识，提升了技能，这种全方位的成长进一步加深了他们对中华文化的自豪感和自信心。同时，通过扮演"北京中轴线推介官"的角色，学生学会了如何有效地展示中华文化的魅力，这不仅是对个人表达能力的锻炼，更是对传承民族文化的实践。

在"八岁八公里"这一项目中，学生的每一步都是个人成长的体现，也是对民族文化自信的深化。这种从个人到民族、从学习到实践的转化，不仅为学生今后传承和发展中华优秀传统文化奠定了基础，也为他们成为具有国际视野、自信自强的时代新人提供了坚实的支撑。

（二）学习目标

学生通过跨学科的学习方式，在实际的探索活动中增强民族文化自信心，促进自我成长。项目围绕"形式""联系"和"责任"三个超学科概念展开，每个概念下都有具体的探究线索。"形式"方面，学生将从多个角度探索北京中轴线上的传统建筑，了解它们的历史故事和文化意义，并学习如何将这些知识以创造性的方式转述给他人。"联系"方面，学生将探讨传统文化与自己的关系，通过参与传统文化活动，如打快板、诵歌谣、制作"兔儿爷"等，深刻感受京韵文化的魅力，并思考如何将这种文化融入自己的生活中。"责任"方面，学生将思考如何有效地介绍和推广传统文化，增强传承民族文化的责任感。

表3-4 "八岁八公里"项目学习目标

核心观点	探索北京中轴线上的传统文化，在增强民族文化自信心的同时实现自我成长。		
概念	形式	联系	责任
探究线索	1. 北京中轴线上的建筑有什么特别之处？它们有什么故事呢？ 2. 这些建筑在哪里？怎样才能找到它们？怎样把它们介绍给朋友和家人呢？ 3. 我们可以用哪些有趣的方式展示对中轴线上建筑的了解？	1. 怎样通过传统文化活动来感受北京的文化呢？这些文化和我们有什么联系？ 2. 京韵文化对我们意味着什么？ 3. 怎样把传统文化转变为日常生活中的一部分？	1. 作为一名学生，我们怎样帮助更多的人了解并喜欢我们的传统文化呢？ 2. 向别人介绍传统文化时，我们应该注意些什么？ 3. 介绍传统文化时，怎样保持对文化和历史负责的态度？
学习目标	1. 能够通过地图找到北京中轴线上的建筑，并能告诉别人它们的方位和故事。 2. 能通过打快板、诵歌谣、制作"兔儿爷"等活动探索京韵文化，把对京韵文化的了解和喜爱分享给朋友和家人。 3. 在活动中能进行自我管理，比如自己整理书包、把控时间，更好地享受学习和探险。 4. 能和同伴一起解决问题，当双方有不同意见时，能通过讨论，一起找到解决问题的好方法。		

在本项目中，学生通过亲身体验和实地探索，深入了解北京中轴线上的建筑特色和历史文化。通过结合天安门和故宫等地标性建筑，学生们不仅学会了识别八个方向，还能在实际探索中运用这些知识，找到正确的方向和位置。这种学习方式让知识与实践紧密结合，学生在游戏和探险中学习，能更加直观和生动地理解空间和方向的概念。

此外，通过学习打快板、制作"兔儿爷"等活动，学生们深刻感受到京韵文化的独特魅力，体会到中华优秀传统文化的深厚底蕴。这不仅增强了学生的文化自信，也让他们意识到传统文化并非静态的遗产，而是一种"活态"的存在，一砖一瓦、每一条街道都承载着丰富的文化和故事。

在徒步中轴线的过程中，学生通过实际体验，将传统文化的学习与自我成长紧密联系起来。他们不仅学习到了丰富的知识，还通过实践活动提升了自己的探究能力和团队合作能力。这样的跨学科探究活动，不仅让学生对北京中轴线上的传统文化有了更深入的了解和体验，也培养了他们的责任感和使命感。

(三) 学习评估

"八岁八公里"项目的学习评估围绕《北京中轴线探索指南》的编写与展示进行。

学生基于自己的探索经历亲自设计和编写《北京中轴线探索指南》，详细记录他们沿北京中轴线的徒步旅行、发现的文化故事，以及他们如何运用方向与位置的知识进行导航；展示则是一个小组活动，学生面向班级、年级甚至全校的师生介绍他们的探索指南。

这样的学习评估过程，不仅能够检验学生在项目中的学习成果，学生还能通过实践、反思和展示环节，增强文化自信，实现自我成长。

表 3 – 5　"八岁八公里"项目评价表

主要产品/表现	成功标准	评价方式	评价主体
《北京中轴线探索指南》	1. 能够准确运用方向与位置的知识，详细描述出徒步的路线，包括关键转折点、重要地标以及如何从一地点到达另一地点。 2. 指南中包含丰富的京韵文化介绍，能够生动展示路线上每个地点的文化背景、历史故事和特色活动，反映出自己对京韵文化的深刻理解和个人感悟。	根据成功标准自评	生生互评师生共评

主要产品/表现	成功标准	评价方式	评价主体
《北京中轴线探索指南》展示	1. 能够流畅、有条理地介绍自己的策略宝典，包括如何规划路线、遇到的挑战、文化发现以及这次探索给自己带来的成长和启发。 2. 能顺畅、流利、有条理地说清自己的观点和思考。	班级、级部、学校三级答辩	生生互评师生共评专家评价

二、学习任务的设计与实施

"八岁八公里"项目式学习任务共有 5 个探究过程。在引入阶段发布 8 千米徒步北京中轴线的任务，引导学生讨论要为徒步活动做哪些准备工作。在发现阶段，学生借助中轴线上的相关建筑，学习数学中方向与位置的相关知识。在梳理阶段，学生通过语文、音乐、美术学习传统文化，了解北京的风俗文化。进一步探究的阶段，学生徒步北京中轴线，了解中轴线上的风土人情，在徒步过程中加深对知识的持续性理解。在反思、行动阶段，梳理徒步中轴线的经验，形成探索指南。下面以探究导图的形式呈现探究思路。

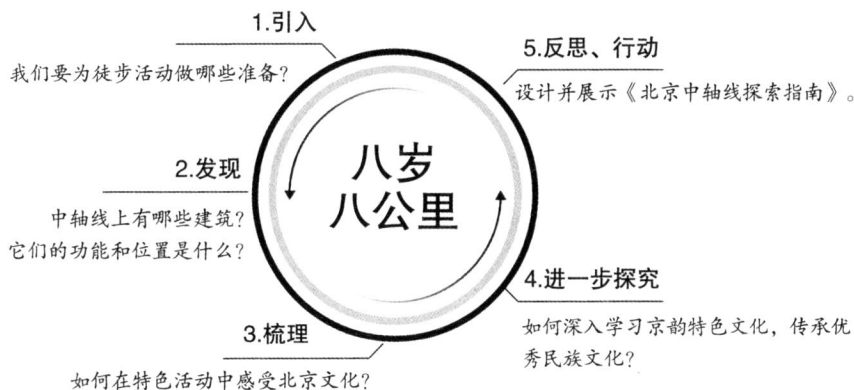

图 3-7 "八岁八公里"学习任务探究导图

1. 引入：我们要为徒步活动做哪些准备？

教师先介绍项目背景，发布任务，提出引导性问题：我们要为徒步活动做哪些准备？学生进行头脑风暴，提出探究内容：中轴线上有什么？我可以为徒步中轴线做哪些准备？我需要掌握哪些知识？

2. 发现：中轴线上有哪些建筑？ 它们的功能和位置是什么？

子任务1：认识东、南、西、北。（数学）

龙龙、笑笑、亦亦约好一起徒步北京中轴线，相约在天安门广场见面。龙龙说："我的前面是旗杆，你们在哪里呀？"亦亦说："我的前面也是旗杆呀！"笑笑说："我的前面也是旗杆，可是我没有看见你们呀！"问题：为什么他们前面都是旗杆，大家却找不到对方？

通过真实情境，学生感受到认识方向的必要性。学生通过天安门广场认识东、南、西、北四个方向，能做到通过给定的一个方向辨别其余三个方向，在辨别和应用中体会方位的相对性，并能用东、南、西、北等方位词介绍天安门广场上的标志性建筑。

课后，教师指导学生迁移介绍天安门广场的经验，运用表示方位的词，向他人介绍教室、学校或自己的房间，还可以将介绍的过程录制成视频。

子任务2：认识平面图。（数学）

教师通过视频介绍：我们来到了北京中轴线上重要的一站——天安门广场，我站在人民英雄纪念碑旁，广场的北侧是天安门城楼，广场的东侧是中国国家博物馆，广场的南侧是毛主席纪念堂，广场的西侧是人民大会堂。问题：龙龙、笑笑、亦亦绘制的都是天安门广场的平面图，为什么画的不一样呢？

龙龙绘制的天安门广场平面图　　　笑笑绘制的天安门广场平面图　　　亦亦绘制的天安门广场平面图

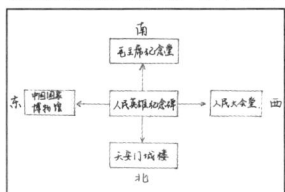

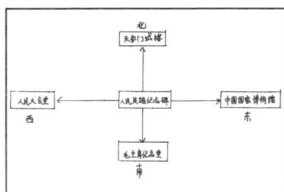

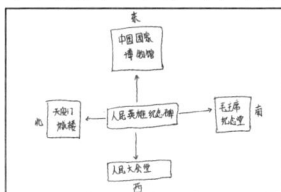

图 3-8　天安门广场平面图

学生通过绘制天安门广场平面图，知道平面图是根据上北、下南、左西、右东的方位绘制的，能看懂简单的平面图，并体会物体位置关系的相对性。

教师播放"故宫小导游"的音频，继续引导：走到北京中轴线的下一站——故宫，故宫有四个大门，南门为午门，东门为东华门，西门为西华门，北门为神武门。故宫位于中轴线上的主要建筑由南向北依次是太和殿、中和殿、保和殿。学生根据"故宫小导游"的指示绘制故宫平面图，在活动中加深对方向的理解，感受数学与生活的密切联系，体会数学在生活中的作用。

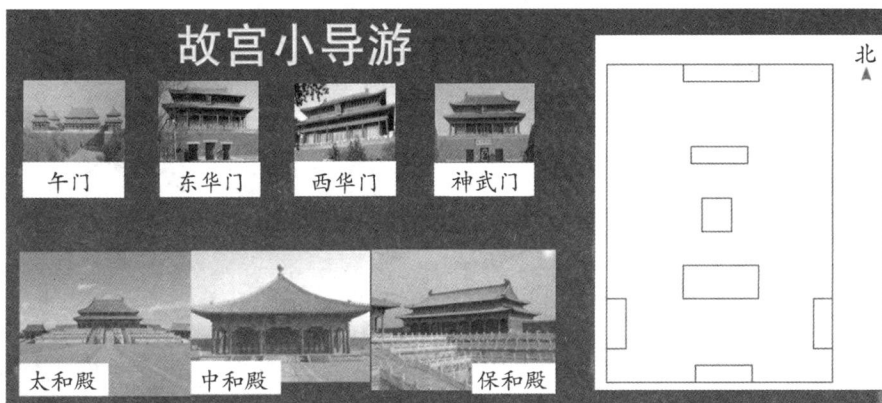

图 3-9　故宫主要建筑

子任务3：认识东北、东南、西南、西北四个方向。（数学）

故宫中还有4个角楼，以"中和殿"为观测点，每个角楼在中和殿的什么方向？

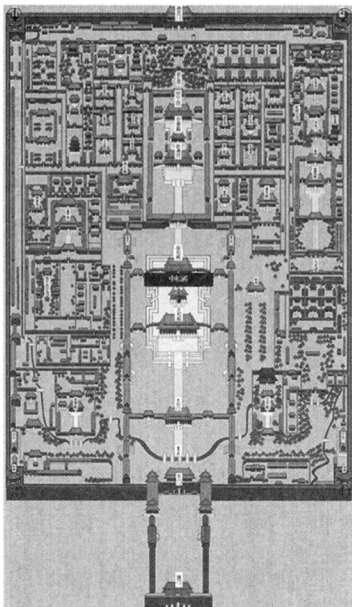

图3-10　故宫导览地图

在教学时，引导学生将认识"东、南、西、北"的学习经验和生活经验迁移到对"东北、东南、西南、西北"四个新方向的认识与学习中，启发学生借助原有经验自主探究，进一步发现"东北、东南、西南、西北"四个方向的规律，并能在实际场景中描述一个物体所在的方向，以及物体之间的方向关系。

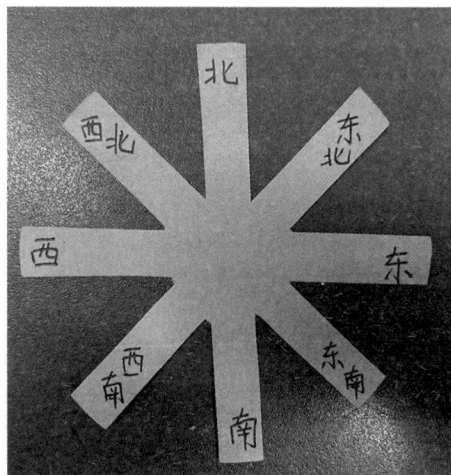

图3-11　方向标

课后制作包含八个方向的方向标，并用方向标解决有关方向的数学问题。特别是方向感不好的学生，教师要注意引导他们借助"小工具"，在交流、表达中逐渐形成方向感，用所学知识解决生活中的现实问题，感受数学在生活中的价值。

子任务4：用方向解决实际问题。（数学）

教师提出本阶段任务：北京还有一条地下中轴线——地铁8号线。它南北贯通，串联起诸多北京文化地标。你能找一找地铁里与方向有关的信息，借助地铁平面图，挑战从任意一个地铁站到另一个地铁站吗？

学生发现，地铁站点会用方向来命名，如大红门南站。北京地铁站A、B、C、D四个出入口，就是按照西北、东北、东南、西南顺序命名的。在完成挑战的过程中，学生综合运用所学知识，根据地铁线路图，描述物体位置，提高辨认方向、表达与交流物体所在方向的能力，在推理判断中应用方位知识，发展空间观念。学生通过了解地铁换乘等相关信息，选择最优路线，在检验知识方法的同时，进一步发展空间观念，提高发现问题、解决问题的能力。这一挑战和学生的生活息息相关，激发了学生的学习兴趣，提高了学习效率。

╭─ **过程剪影** ─────────────────

有同学惊喜地发现每个建筑都像一个小小的指南针，告诉自己该往哪个方向走。他说，自己从来没有想过，建筑也能指引方向呢！通过这次学习，他不仅认识了八个方向，还学会了怎么观察、思考和探索。原来，世界真的充满了神奇的奥秘，只要用心去发现，就能找到答案。

3. **梳理：如何在特色活动中感受北京文化？**

子任务1：通过"打快板"的形式，诵读歌谣。（语文、音乐）

图 3 - 12　打快板《神州谣》　　　图 3 - 13　打快板《报菜名新编》

　　边打快板边诵读《神州谣》《传统节日》《报菜名新编》，把打快板和诵读歌谣、韵文结合起来，不仅实现了音乐和语文的学科融合，还激发了学生的诵读兴趣以及对中华传统文化的热爱。

　　子任务2："来！请'兔儿爷'！"（美术）

　　通过阅读《来！请"兔儿爷"》的故事，学生在了解北京"兔儿爷"文化的同时，学习色彩知识，分析色彩特点、色彩情感。通过欣赏、观察、制作不同的"兔儿爷"作品，学生学会用色彩来表达自己的情感，提升对民间艺术的观察与审美能力，激发保护、传承、发扬中国优秀民间艺术的决心与动力。

图 3 - 14　学生制作"兔儿爷"

学生在制作"兔儿爷"的时候，感觉就像给它注入了生命一样。有的同学还给自己的"兔儿爷"起了个超可爱的名字，叫"棉花糖"，因为它的毛色像棉花糖一样白白软软的。不过，做"兔儿爷"也不是那么简单的。有学生提到，在选择材料和粘贴的时候遇到了好多小难题，有时候会觉得有些挫败，但是，当努力克服了这些困难，最终完成了自己的"兔儿爷"时，那种成就感是无法用语言来形容的。还有的学生说，通过制作"兔儿爷"，他不仅知道了"兔儿爷"的历史和代表的意义，还更加了解了中华的传统文化。

4. 进一步探究：如何深入学习京韵特色文化，传承优秀民族文化？

子任务1："游览中轴线"问题交流厅。（语文）

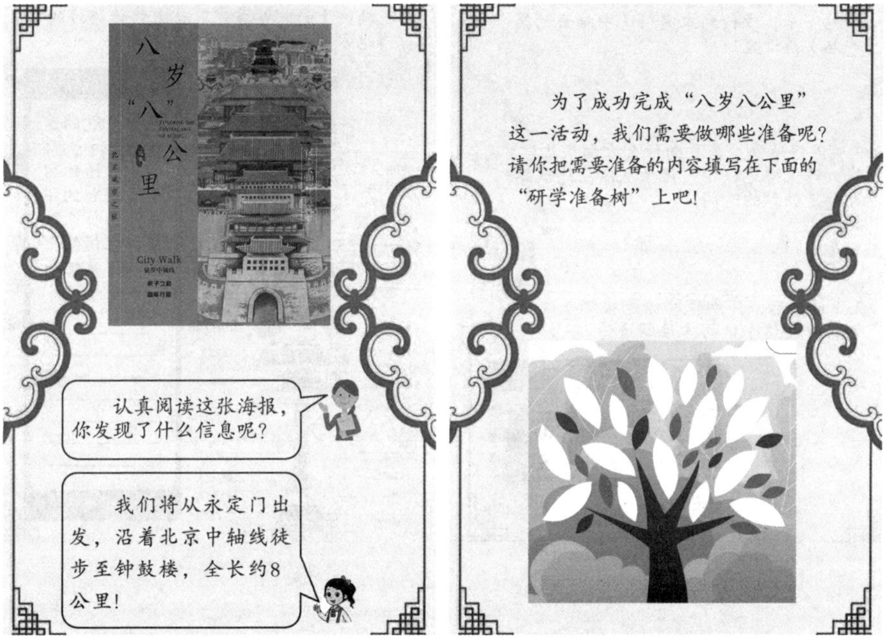

图3-15　徒步中轴线的准备

学生们即将去徒步北京中轴线了，那去之前要做哪些准备呢？基于这一真实情境，口语交际课就这样展开了！学生以小组交流的形式进行讨论，不仅落实了教材中"清楚地表达想法，简单说明理由；对感兴趣的内容多问一问"这一要求，学生还在讨论的过程中列出了出行必备清单，相信他们一定会有一次难忘的徒步经历。

子任务2："八岁八公里"徒步实践活动。

北京中轴线南起永定门，北至钟鼓楼，八岁的孩子徒步走完长约八公里的北京中轴线，通过"边走边找——寻觅地下中轴线""边走边画——记录中轴线上的建筑""边走边寻——邂逅神兽和小动物"以及"边走边看——探寻百年老字号"感受中轴线上独有的壮美秩序和深厚的文化底蕴。

边走边找——寻觅地下中轴线

1.请你查找资料，想一想：从8号线的哪一站下车，步行到永定门（中轴线的第一站）最近呢？

2.从瀛海地铁站需要向什么方向坐几站才能到达天桥地铁站？记录从瀛海地铁站到天桥地铁站的时间。

3.下地铁后，仔细观察你是从哪个口出站的，并把这个口的方位写清楚。

边走边画——记录中轴线上的建筑

从永定门到钟鼓楼，你经过了中轴线上的哪些建筑？试着将你经过的地方圈画出来吧！

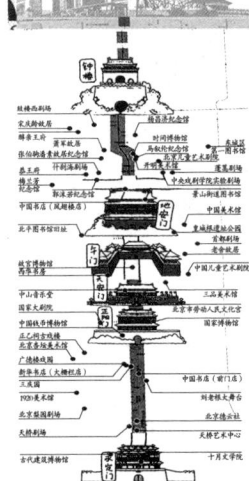

在你经过的这些地方中，哪个地方给你留下了深刻的印象？为什么？快快在横线上记录下来吧！

边走边寻——邂逅神兽和小动物

中轴线上有许多神兽和小动物，经过探寻，我知道故宫的太和殿上有（　　）只"小怪兽"，它们分别是（　　　　　　　　）。

还有万宁桥的避水神兽、天坛的小松鼠、故宫的猫、北海的乌鸦等，让我们边走边学，去邂逅这些好玩的神兽和小动物吧！还可以把你最感兴趣的故事讲给你的同学或朋友听哦！

边走边看——探寻百年老字号

亲爱的同学，前门、大栅栏的百年老字号，是我们了解商业、盖章打卡的好去处，只要说一声"您好，可以盖章吗"，就会有人热情地接待你哦。

请把你在徒步北京中轴线过程中看到的感兴趣的文创产品记录在花朵中，还可以自己创作一个文创产品哦！

图 3－16　徒步中轴线实践单

图 3－17　徒步中轴线过程

学生们带着探究单，在真实情境中探寻这条壮美的中轴线，采用徒步这种更"慢"、更接地气儿、更与众不同的方式，用一天的时间走完长约 8 公里的北京中轴线，亲自探访中轴线上的每一个标志性建筑。

社会是最生动的课堂。学生在徒步中轴线的过程中，感受到一砖一瓦都是文化，城墙街巷皆有故事，他们努力从中华民族世世代代形成和积累的优秀传统文化中汲取营养和智慧，延续文化基因，萃取思想精华，展现精神魅力。

5. 反思、行动：设计并展示《北京中轴线探索指南》。

子任务1：发布《北京中轴线探索指南》。

完成了徒步北京中轴线之旅后，学生们有了很多收获和想法，教师要引导学生设计出自己的《北京中轴线探索指南》，先在班级内进行介绍，再面向低年级学生进行宣讲。

图3-18　《北京中轴线探索指南》展示分享

子任务2：拓展阅读。

教师带领学生总结活动收获，并推荐相关书籍，拓宽学生视野。

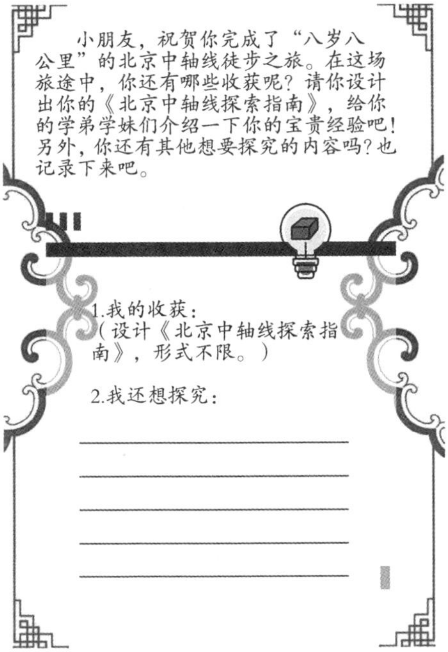

小朋友，祝贺你完成了"八岁八公里"的北京中轴线徒步之旅。在这场旅途中，你还有哪些收获呢？请你设计出你的《北京中轴线探索指南》，给你的学弟学妹们介绍一下你的宝贵经验吧！另外，你还有其他想要探究的内容吗？也记录下来吧。

1.我的收获：
（设计《北京中轴线探索指南》，形式不限。）

2.我还想探究：

_____
_____
_____
_____

图 3 - 19　收获记录单

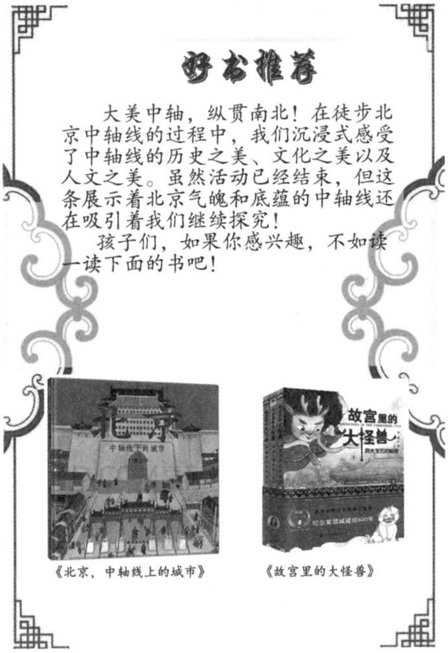

好书推荐

大美中轴，纵贯南北！在徒步北京中轴线的过程中，我们沉浸式感受了中轴线的历史之美、文化之美以及人文之美。虽然活动已经结束，但这条展示着北京气魄和底蕴的中轴线还在吸引着我们继续探究！

孩子们，如果你感兴趣，不如读一读下面的书吧！

《北京，中轴线上的城市》　　《故宫里的大怪兽》

图 3 - 20　好书推荐

GRASPS　评估设计

项目名称：八岁八公里

适用年级：二年级

表 3 - 6　"八岁八公里" GRASPS 模型

目标（Goal）	继承和弘扬京韵文化。
角色（Role）	《北京中轴线探索指南》设计师。
受众（Audience）	低年级学生。
情境（Situation）	当"城市漫步"遇见北京中轴线，邀请你来制作适合小学生了解城市文脉的探索指南。

产品或表现 （Product/Performance）	《北京中轴线探索指南》及展示。
标准（Standards）	能在较复杂的环境中利用平面图辨认方向，并能描述和交流具体位置；能在展示《北京中轴线探索指南》的过程中让读者感受到文化遗产就在身边，通过了解民族传统文化，增强文化自信。

项目设计成员：郝琳、冯慧敏、白玉、陈薇、侯镔芮、贾贺炜、季亚会、梁达、史珂、石少锋、辛黄贤、张孟鑫、张稚楠

案例3 科学学科项目： 影子戏剧

一、学习任务介绍

（一）任务背景

中华优秀传统文化是中华民族的精神命脉，是涵养社会主义核心价值观的重要源泉，也是我们在世界文化激荡中站稳脚跟的坚实根基。党的十八大以来，习近平总书记多次强调中华传统文化的历史影响和重要意义，中小学传统文化教育愈发受到重视。2019 年，教育部印发《加强和改进中小学中华优秀传统文化教育工作方案》。2021 年，教育部颁布了《中华优秀传统文化进中小学课程教材指南》，其核心要义在于，在不单独开设课程的情况下，以有机融入的方式实现中华优秀传统文化内容精神的全学科覆盖、全学段贯通。因此，我校积极开展融合传统文化的跨学科课程研发，推进传统文化教育的深度落实。

皮影戏，又称"影子戏"，经历数千年的发展，已经成为中国传统文化中不可或缺的一部分。2011 年，皮影戏入选人类非物质文化遗产代表作名录。皮影戏是我国古代人民对光影奥秘进行研究并加以运用而凝结成的文化瑰宝，体现着我国古代人民的智慧。因此，本项目在五年级学生初次探秘光影的学习中进行皮影戏文化的有机渗透，帮助学生进一步理解科学与艺术相辅相成的关系，感受科学对文化发展的促进作用，让科学研究充满"艺术范"。

本课程基于教科版《科学》五年级上册"光"单元进行设计，共计 9 课时，涉及科学、美术、戏剧、语文等学科。在学习过程中，学生以皮影剧团成员的身份，将绘本或语文课本中的经典篇目改编成剧本，或者创编一个新的故事，并以"影子戏剧"的形式进行表演。学生从了解皮影戏的起源入手，通过观看和体验，提出制作和表演方面的问题，并在科学探究中不断深入了解光的反射、折射和色散等方面的知识，理解光传播的规律，最终将其综合运用到表演道具的制作及场景的搭建中，解决实际问题。

（二）学习目标

无论是现代光学仪器，如潜望镜、放大镜、显微镜，还是古代的皮影戏，都是人类对光传播规律的运用与体现。前者是现代科技对光学原理的精准应用，后者则是古人对光学现象的朴素观察与巧妙利用。这两者共同诠释了一个核心观点：人们从现象中总结光的传播规律，并利用规律解决问题，满足实际需求。

本项目选取皮影戏作为研究对象，通过三个超学科概念——形式、因果、功能，引导学生深入探索光的传播规律，并在此过程中增强对传统文化的认识与理解。本课程的学习目标紧密围绕这些概念进行设置，旨在培养学生的科学探究能力、艺术创造能力和文化欣赏能力。通过科学实验，学生将总结光的传播规律；通过艺术创作，学生将手工制作皮影，学习传统艺术；而在团队合作中，学生将创编并表演影子戏剧，实现科学原理与艺术表现的完美结合。

表 3 – 7　"影子戏剧"项目学习目标

核心观点	人们从现象中总结光的传播规律，并利用规律解决问题，满足实际需求。		
概念	形式	因果	功能
探究线索	1. 皮影戏是怎样表演的？ 2. 皮影戏的表演道具有哪些特点？	1. 皮影为什么能够呈现在屏幕上？ 2. 在表演中，灯光的颜色是如何变换的？	哪些材料适合制作皮影人物和表演幕布？
学习目标	1. 能够通过科学探究，归纳总结光的传播规律，以及不同材料与光发生作用时产生的不同现象。 2. 能根据不同材料的特性（如颜色、透光性等），选取合适的制作材料，通过剪、刻等美术技巧制作皮影。 3. 能通过欣赏中国传统皮影作品，了解皮影的制作材料和特点，为自己团队的影子戏剧提供参考和灵感，同时提出值得探究的科学问题。 4. 能从绘本或语文教材中选取感兴趣的故事，提取故事的主要信息进行缩写和凝练，或者创编一个新的故事，形成 3 ~ 5 分钟的短剧。 5. 能利用光的传播规律，操作、变换灯光和皮影人物，进行影子戏剧表演。		

　　本项目的核心任务是"创编并表演一出影子戏剧"。为实现这一目标，学生需系统观察和分析皮影表演的形式及道具特性，深入探究皮影戏艺术效果与其科学原理之间的内在联系。在此基础上，学生将运用所学知识，结合材料特性，创造性地解决制作道具与表演过程中的实际问题，最终完成皮影戏道具的制作并成功进行表演。这一过程不仅锻炼了学生的实践能力，也加深了他们对传统文化的体验与感悟。

（三）学习评估

　　在探究过程中，学生产出的作品主要有《皮影戏原理探究手册》、影子戏剧表演道具以及影子戏剧汇报表演，以下是相应产品的成功标准。

表 3 - 8　"影子戏剧"项目评价表

主要产品/表现	成功标准	评价方式	评价主体
《皮影戏原理探究手册》	能按照要求完成每个活动的探究单，对实验结果进行全面而有条理的分析，总结规律，并归纳形成实验结论。	班级内评价	生生互评师生共评
影子戏剧表演道具	1. 道具大小符合要求，材质较为结实耐用。 2. 皮影人物形象清晰、线条流畅、图案精美、色彩丰富。 3. 表演幕布透光性合适。 4. 灯光亮度适宜，且具有一定色彩变换。	班级内评价	生生互评师生共评专家评价
影子戏剧汇报表演	1. 故事完整，表达准确、流利、有条理。 2. 能说出演出中运用的光学原理，对任务中遇到的问题进行合理且多角度的分析。	班级、级部、学校汇报交流	生生互评师生共评专家评价

二、学习任务的设计与实施

"影子戏剧"需要经历明确任务、梳理问题、开展探究、设计制作和交流反思 5 个探究过程。学生通过探究皮影戏的起源开启课程，在观赏与体验这一传统艺术的同时，挖掘出制作与演绎过程中的种种疑问。在科学探索的过程中，逐步深化对光的反射、折射及色散等现象的认知，掌握光传播的内在规律。最终，学生将这些光学知识融会贯通，应用于制作表演道具与构建场景的实践之中，从而达到解决问题的完整闭环。下面以探究导图的形式呈现整体的探究思路。

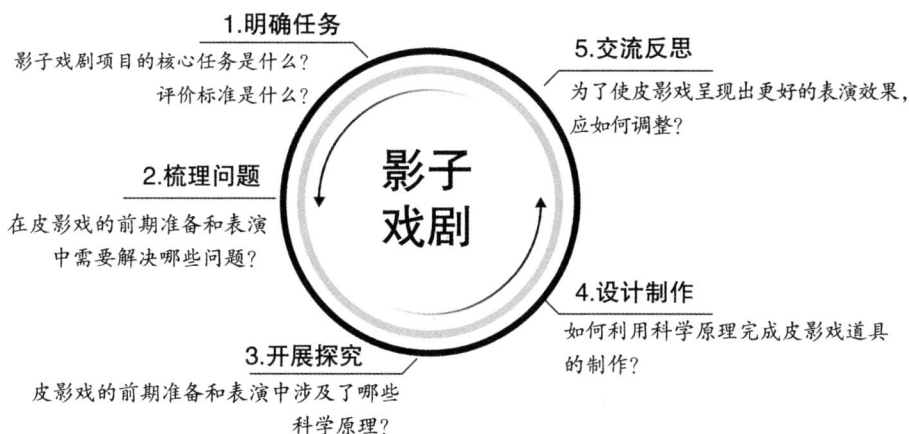

图 3-21　"影子戏剧"学习任务探究导图

1. 明确任务：影子戏剧项目的核心任务是什么？ 评价标准是什么？

子任务 1：皮影戏初体验。

学生阅读皮影戏起源的资料，从中提取信息，了解皮影戏的产生与光影现象有密切关系；观看皮影戏演出的视频资料，进一步了解皮影戏的表演形式，形成对皮影戏的初步认识。

子任务 2：明确项目任务及评价标准。

教师发布项目任务——"以团队的形式选择合适的材料制作道具，创编并表演一场影子戏剧"，与学生共同探讨，明确项目评价标准。

2. 梳理问题：在皮影戏的前期准备和表演中需要解决哪些问题？

子任务 1：梳理探究问题。

学生再次观看皮影戏表演片段，并利用已有的皮影戏道具进行体验，在体验中结合项目任务进行思考。接下来，学生借助 KWL① 表，提出关于

———————————

① 指 know（知道），Want to know（想知道），Learned（学到了）三个短语的首字母组合。

皮影戏的问题，梳理自己对皮影戏的已知和未知，并利用思维导图对问题进行梳理和归并，形成团队的探究课题。

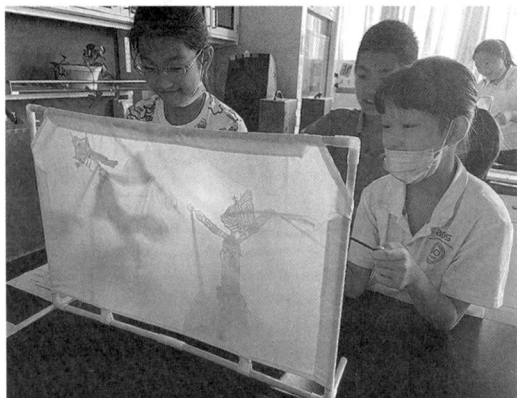

图 3 - 22　学生操作体验皮影戏

图 3 - 23　皮影戏 KWL 表

"老师给了我们任务和标准，这样我们就知道要做什么了。通过用 KWL 表梳理，我头脑里的想法变得很清楚！我从皮影戏的各个方面想了很多问题，比如怎么把皮影投到屏幕上，哪些材料适合制作人物和屏幕，灯光颜色怎样变换……我特别想知道这些问题的答案，也更有动力去探究了。"一位学生说道。

子任务 2：创编剧本。

学生分组讨论，从语文课本中选取团队最感兴趣的一个故事片段，或者创编一个新故事，改编成 3~5 分钟的剧本，并根据剧本梳理出需要制作的道具。

3. 开展探究：皮影戏的前期准备和表演中涉及了哪些科学原理？

本环节是整个项目探究中的重要环节，是学生深入理解皮影戏背后所蕴含的科学原理的环节，它对学生完成皮影戏演出具有重要指导作用。本环节共分为 5 个子任务，学生在探究过程中，逐步生成对学科核心概念的理解，并解决问题。

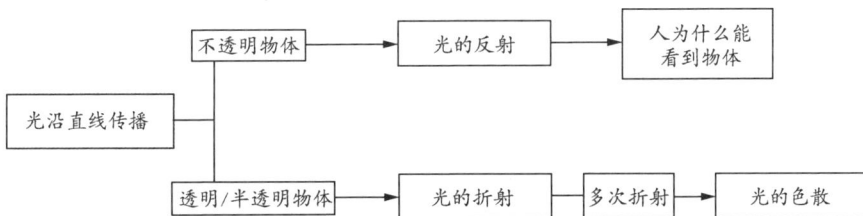

图 3-24　"影子戏剧"探究环节线索

子任务 1：从皮影戏发源史出发，探究学习皮影戏的原理。

学生再次分析文本资料中皮影戏的灵感来源，联系生活中的影子现象，回顾三年级"影子的秘密"学习内容，进一步从皮影戏装置入手，针对摆放位置提出问题，聚焦光源，探究光的传播特点，以此来寻找皮影戏演出过程中光源的最佳摆放位置。学生借助带圆孔的硬纸板、手电、屏幕等材料设计实验，证明光沿直线传播，解释皮影戏的原理。最后，学生利用KWL表再次梳理自己对皮影戏的已知和未知。

过程剪影

分享过程中，一位学生说道："我们在表演中向同学们讲解了影子的形成原因，很是直观有趣。通过表演，我们很容易便得出了结论：皮影戏是利用光沿直线传播的特性，将人偶的影子映在屏幕上。这种用自己喜欢的方式了解和研究大自然秘密的课程，激发了我更多的好奇心和探索欲。"

子任务2：探究皮影戏演出的环境布置。

利用"黑盒子"，通过对比完全黑暗和有小灯珠照亮的情况下能否观察到盒子内的皮影人物，学生理解不会发光的物体需要被光照亮我们才能看到它。

子任务3：选取皮影戏道具的制作材料。

学生利用手电、普通白纸、白色硬卡纸、塑料片、玻璃片、硫酸纸等，设计实验探究不同材料的透光性，以及材料的厚度、颜色等因素对透光性的影响。学生通过观察、对比分析实验结果，根据材料的透光性，选取合适的材料制作幕布和皮影人物。

图3-25　学生初次制作的皮影人物及效果测试

一个团队的学生拿出了自己精心制作的皮影人物，迫不及待地想要向同学们展示，但是最终投射在幕布上的只有一个影子，皮影人物丰富的色彩没有成功呈现出来。"我们用硬卡纸制作皮影，结果发现颜色都透不过去。"学生在反思中说道。

在实践中遇到问题，就为探究提供了契机。同学们借此展开讨论和分析，在研究中总结规律，最终确定了适合制作皮影人物的材料。

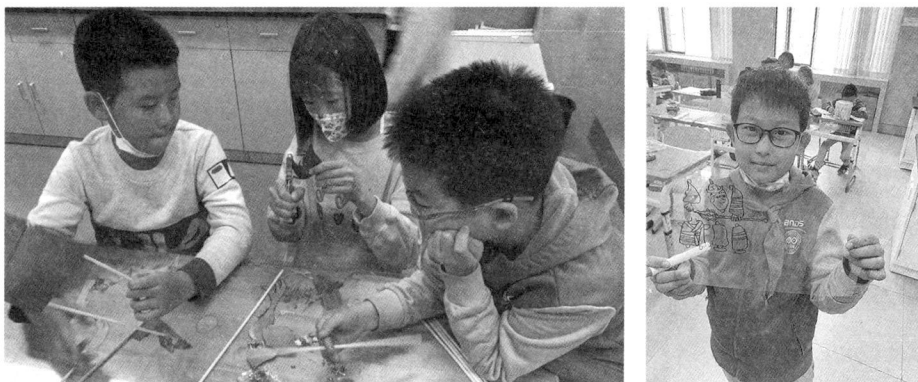

图 3 – 26　学生制作皮影人物

制作表演幕布时，有的学生从家中带来了投影的幕布，有的学生选择使用半透明的商品包装纸，都呈现了很好的演出效果。选择材料的多样性和生活化，体现了学生对皮影戏背后原理的深刻理解。

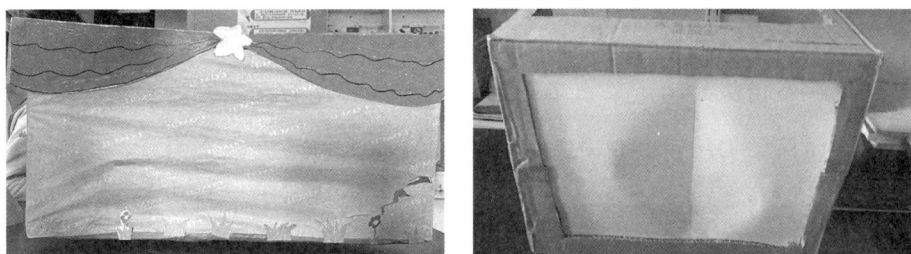

图 3-27 学生自选材料制作的表演幕布

子任务 4：制作皮影表演箱，探究如何增强灯光效果。

在体验环节中，学生观察到灯光亮度会影响演出效果，除了更换亮度更大的灯光外，还有哪些方法可以改善灯光效果，需要学生展开探索。

在理解实验结论"自身不会发光的物体，需要被照亮后才能被我们看到"的基础上，学生继续研究其背后的本质原因。通过玩激光打靶的游戏，学生分析激光行进的路线，归纳总结出光反射的规律，解释生活中的现象，并将其运用在皮影戏表演箱的制作中，改善皮影戏演出的灯光效果。

图 3-28 学生实验探究光的反射规律

子任务 5：探究皮影人物和灯光颜色变换的关系。

探究光传播中遇到不透明物体产生的现象之后，学生会自然而然地提出问题：光遇到透明或半透明物体又会产生什么现象？光的传播路线是否发生改变？教师引导学生进一步展开实验，认识光的折射现象，为探究光的色散做铺垫。在实验中，学生分析光在不同介质中的传播路线，建构"光的折射"模型，通过总结提炼形成学科核心概念：光在同种均匀介质中沿直线传播，遇到不同物体（透明、半透明或不透明物体）时会产生反射或折射现象。

在理解光的折射现象的基础上，引导学生继续思考光在传播中连续通过不同透明介质会产生什么现象。学生通过实验，观察一束激光和一束白光连续通过三棱镜后的现象，对比分析，理解白光由多种色光组成。接下来，学生观察白光照射到涂有不同颜色的平面镜上之后反射到白纸上的颜色，以及白光透过滤光片后呈现的颜色，总结规律，理解反射光和透射光颜色与物体本身颜色的关系，然后教师指导学生将需要的色光从白光中筛选出来，并根据需求选取合适颜色的材料或通过涂色制作皮影人物。

图 3 – 29　学生皮影戏
作品《武松打虎》

图 3 – 30　学生皮影戏作品
《静夜思》

在《静夜思》的作品演出中，学生巧妙地利用蓝色滤光片呈现出夜晚的效果，引得小观众们连连惊叹。"我们运用光来塑造不同场景，让这场戏更加生动。我们用手电筒调节光，可以把整场戏想象成电影，当镜头要切到全景的时候，就把光调到最大；当我们要特写镜头的时候，就会把光圈调小，聚焦到某个具体人物的身上。关于颜色的变换，例如第一幕需要呈现黄昏的场景，我们就将光调成了橘红色。"

4. 设计制作：如何利用科学原理完成皮影戏道具的制作？

学生利用从探究中总结的规律解决问题，根据剧本和制作需求，选取合适的材料和灯光，制作表演道具，满足实际需求，在实践中不断理解本项目的核心观点。

介绍皮影人物的制作方法时，一位同学说道："首先，选择一块大小适中的透明塑料片，用勾线笔画出人物轮廓后进行裁剪。这里需要注意的是，人物的关节需要一节一节制作，否则皮影就无法动起来。上色环节，我们用的是马克笔，因为马克笔涂色后仍然可以透光。"

5. 交流反思：为了使皮影戏呈现出更好的表演效果，应如何调整？

学生分组演出影子戏剧，分享团队在制作过程中如何利用探究结论解决实际问题，并根据评价标准进行总结和反思。

图 3 – 31　学生皮影戏作品
《太空探索》

图 3 – 32　学生展示表演皮影戏

过程剪影

　　在分享学习收获和感受时，学生说道："在'影子戏剧'项目学习中，我们感受到团结协作的重要性，同时体验到了一种新的学习方式。在研究光传播规律的过程中，我们全程参与了皮影戏的准备工作和演出，在收获知识的同时感受到了研究的乐趣。"

GRASPS　评估设计

　　项目名称：影子戏剧

　　适用年级：五年级

表 3 – 9　"影子戏剧" GRASPS 模型

目标（Goal）	在探究光传播规律的基础上，运用光学原理，创编并表演一出影子戏剧。
角色（Role）	皮影剧团成员。
受众（Audience）	全体师生。

情境（Situation）	为传承和发扬我国优秀传统文化，学校将邀请五年级学生开展影子戏剧创作表演活动。
产品或表现（Product/Performance）	《皮影戏原理探究手册》、影子戏剧表演道具、影子戏剧汇报表演。
标准（Standards）	能按照要求完成探究任务，并总结归纳光的传播规律；能运用光学原理设计并制作出符合皮影戏要求的表演道具；能完整、流畅地表演皮影戏，并说出运用的光学原理，对任务中遇到的问题进行合理且多角度的分析。

项目设计成员：高畅、张鑫、孙冰、周艳娇、郑冰晶、朱晓雨、甄子毓、刘盈

第二部分 源于校园生活的项目

案例 1 校园活动：一场主题运动会

一、学习任务介绍

（一）任务背景

  运动会是学校定期举行的常规学生活动之一。大部分学校往往采取固定项目、固定主题的形式举办运动会，学生仅仅作为运动项目的参与者或观众参与到这一活动中。校园活动是学生的活动，从"学生第一"的理念出发，学生的活动应由学生自己做主。英国教育理论家怀特海认为，教育只有一个主题，那就是各呈其貌的生活。学生在真实情境中解决问题，是教育即生活的最佳解读。借我校推行项目式学习的契机，我们以课程思维设计传统活动，于是便有了这次的项目式学习。

  我们基于学生真实的校园生活情境，将本次项目式学习的核心驱动问题确定为"如何设计并举行一场主题运动会"。这一问题体现了学生在校园生活中的真实需求。具体来说，本次项目式学习将聚焦"如何策划一场主题运动会"，在前期调研学生运动习惯和喜爱的运动项目的基础上，了解学生喜爱的运动会主题和运动会项目分别有哪些内容，然后结合调研数据，运用小组合作的学习方式，以项目策划员的角色身份，自主策划一场主题运动会，撰写运动会策划方案，并基于方案筹备、举办主题运动会。在策划和实施的过程中，我们将着重培养学生的沟通能力、团队合作与领导能力，提升其问题解决能力，并在参与运动会的过程中引导学生树立健康生活的意识，培养热爱体育的习惯，感受体育精神。本项目共计 25 课时，在四年级实施，涉及语文、美术、音乐、信息技术、体育和数学等学科知识，充分体现了项目式学习的跨学科、真实性和情境性。

（二）学习目标

本次项目的核心观点是：运动能让我们感受到团结的力量和竞技的快乐，良好的运动习惯能让我们保持健康。在核心观点之下，需要我们特别关注的核心概念是：形式、功能和视角。学习任务围绕上述核心观点和核心概念展开，整合数学、语文、体育、美术等多个学科，引导学生探究不同的运动会形式，了解运动会的组织和策划方式，以及参与运动会对个人和集体的意义。基于这些探究线索，我们设计了一系列的学习活动，如设计调查问卷、统计分析、海报创作、团队合作、文化理解等，通过这些活动夯实学生的核心学科知识，发展其创意思维、沟通协作、批判性思维等能力。

表 3-10 "一场主题运动会"项目学习目标

核心观点	运动能让我们感受到团结的力量和竞技的快乐，良好的运动习惯能让我们保持健康。		
概念	形式	功能	视角

探究线索	1. 世界各地的运动会都是什么样的？ 2. 学生喜爱的运动会主题和运动会项目有哪些？ 3. 一份完整的主题运动会方案包括哪些内容？	1. 策划一场运动会需要准备什么？ 2. 如何完成一份主题运动会方案？ 3. 陈述自己的运动会方案时，需要讲清楚哪些内容？ 4. 如何在陈述中突出自己策划的运动会的特色？	1. 这场运动会是一场受欢迎的运动会吗？我在这场运动会中收获了什么？ 2. 我理解的竞技运动、奥林匹克运动的精神是什么？
学习目标	1. 会根据实际问题设计简单的调查表，并选择适当方法收集数据。能用条形统计图直观且有效地表示数据。 2. 能解释统计结果出现的原因，根据结果作出简单的判断和预测。 3. 能合理使用海报等创意工具进行活动宣传，发展创新意识和创造能力。 4. 能按照团队分工完成自己的任务，与团队成员共同开展反思复盘活动，并实施改进措施。 5. 能使用合适的语言表达自己的质疑或不同看法，能从他人角度思考问题，当遇到与他人观点不一致的情况时，可以通过沟通来化解冲突。 6. 通过学习体育运动知识，掌握运动技能和方法；能积极参加多种体育活动，培养热爱体育锻炼的意识。		

　　主题运动会项目源于学生真实的校园生活体验，在"如何设计一场运动会，让同学们感受到团结的力量、竞技的快乐，并养成良好的运动习惯"这一问题的驱动下，学生将亲历运动会从策划、组织到实施的全过程，从而真切体会到组织和筹备一场学生活动，不仅需要知识和能力，更需要团队合作和有效沟通。

（二）学习评估

在本次项目式学习中，学生将通过设计运动会方案、准备竞选演讲以及创作宣传海报和横幅来展示他们的团队合作、创新思维以及组织规划能力。评估过程旨在考查学生在实际应用中学习和运用跨学科知识的能力，以及他们对项目核心观点的理解深度。

"主题运动会方案"需要学生综合运用语文、数学、美术等学科知识，设计出既实用、有创意又具备完整性、创新性和实施可行性的方案。"方案竞选演讲"考查学生的语言表达和沟通能力，同时需要他们尝试使用适当的视听辅助工具增强演讲的吸引力和说服力。"宣传海报及横幅"等产品则需要学生以创意化的表达方式、以兼具艺术性和实用性的呈现形式展现运动会的相关信息。

本项目的学习评估主要通过同伴评价、教师评价和自我评价相结合的方式进行，评估时不仅注重最终产品的呈现情况，还对学生在设计、策划、制作过程中展现出的写作能力、创新思维能力进行横向评价，最终实现学生综合素养、文化自信的全面提升。

表 3－11　"一场主题运动会"项目评价表

主要产品/表现	成功标准	评价方式	评价主体
主题运动会方案	1. 方案覆盖运动会的所有关键要素，逻辑性强，条理清晰，易于理解执行。 2. 方案能充分体现运动会的主题特色，创意新颖，能够激发参与者的兴趣和热情。	班级答辩 级部答辩	专家点评 生生互评 师生共评

主要产品/表现	成功标准	评价方式	评价主体
方案竞选演讲	1. 演讲内容全面，条理性强，重点突出，能准确传达和展现方案的核心价值和创意亮点。 2. 演讲者表现自然、自信，声音清晰、有力，有效运用辅助设备吸引听众关注。 3. 讲解充分体现方案的特色和优势，能够引起听众的兴趣和共鸣。	班内评价 年级内学生投票	专家点评 生生互评 师生共评
宣传海报及横幅	1. 海报和横幅包含醒目主题、富有表现力的图像及必要的信息文字，设计和色彩搭配和谐，引人注目。 2. 能反映出班级的独特风格和团队精神，同时能够有效传达运动会的信息，激发观众的兴趣和参与欲望。	班内评价 组内评价	专家点评 生生互评 师生共评
运动会号码牌	1. 号码牌数字书写规范工整。 2. 在号码牌制作过程中能和同伴明确分工、友好合作。	组内评价 班内评价	专家点评 生生互评 师生共评

二、学习任务的设计与实施

"设计并举办主题运动会"这一项目式学习，旨在通过六个核心步骤阶段发展学生的个人能力和团队合作精神。整个探究过程始于对潜在运动会主题和受欢迎元素的前期调研，进而提出"如何策划一场受欢迎的运动会"这一核心问题。在方案设计阶段，学生需要创造性地整合调研结果，制订出具有明显主题特色的运动会方案。方案竞选阶段，要求学生通过有效的陈述技巧突出方案的独特之处。在接下来的活动筹备阶段，则要求学生将视角转向实践，通过分工合作来高效地筹备运动会，考验学生的组织和执行力。最终，在体验反思阶段，学生将纵向回顾整个项目，记录自己在运动会筹备过程中的学习和成长，特别是在解决问题、团队协作和公共表达等方面的收获。下面以探究导图的形式呈现整体探究思路。

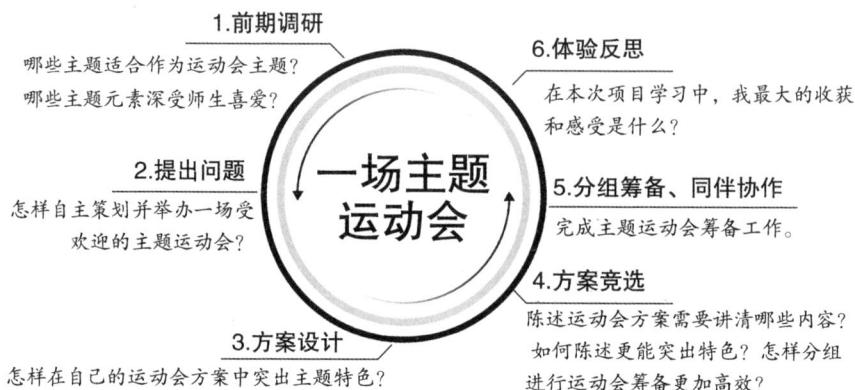

图 3-33 "一场主题运动会"学习任务探究导图

"自主策划并实施一场主题运动会"项目式学习探究导图包括 6 个核心步骤，根据上述步骤安排，具体探究路径如下。

1. 前期调研：哪些主题适合作为运动会主题？ 哪些主题元素深受师生喜爱？

子任务 1：数据搜集，问卷设计与发放。

由于本次项目式学习源自学生的学习生活需要，因此前期调研是该项目实施第一步。在这一阶段，学生将自主设计问卷调研同学们日常运动意识和运动习惯以及期盼运动会设置哪些比赛项目。在设计问卷时应注意：内容合理、问题全面。

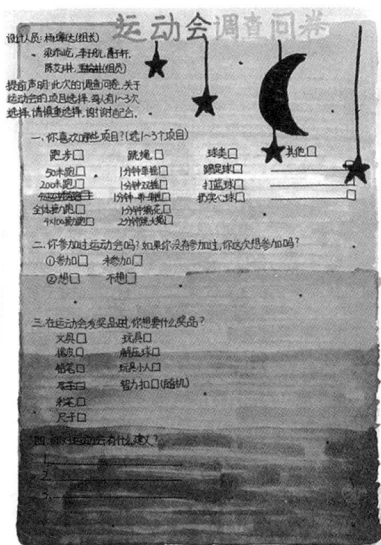

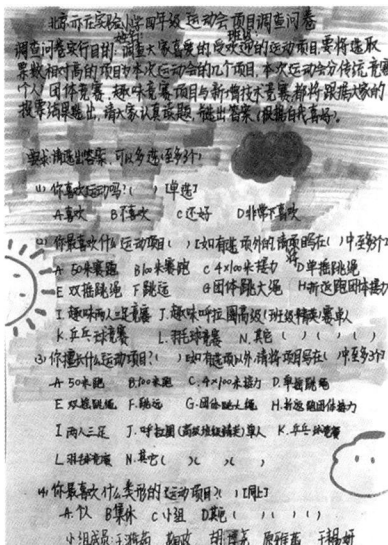

图 3-34　问卷调查

子任务 2：数据分析，汇总参考数据。

借助问卷分析工具，绘制数据统计图。问卷调研为方案的设计提供了数据参考，并引导学生进一步认识数据调研和分析是解决问题的一种重要方法。

选项	人数	占比
喜欢	211	69%
一般	92	30%
不喜欢	4	1%
总计	307	100%

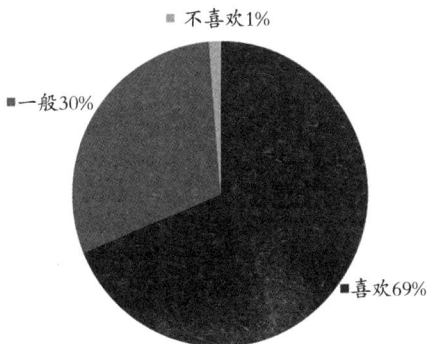

图 3-35　学生运动兴趣统计图

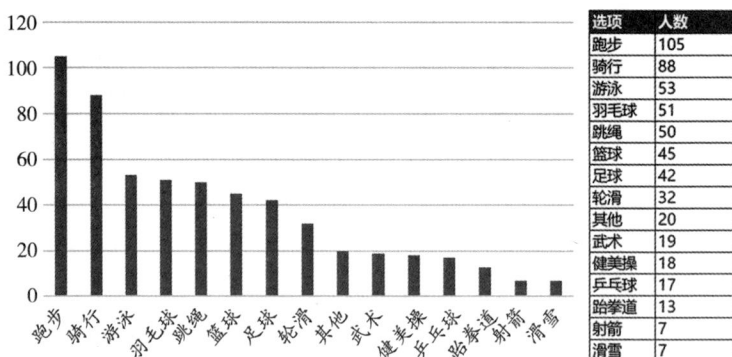

选项	人数
跑步	105
骑行	88
游泳	53
羽毛球	51
跳绳	50
篮球	45
足球	42
轮滑	32
其他	20
武术	19
健美操	18
乒乓球	17
跆拳道	13
射箭	7
滑雪	7

图 3-36　学生体育特长情况统计图

学生通过分析调查数据，了解同学们喜爱度较高的运动项目，同时综合考虑学校运动会的场地、人员、安全等方面的限制，可以对本次主题运动会的比赛项目进行梳理。同时，学生还可以以各自的运动偏好为参考，初步确定分组意向。

2. 提出问题：怎样自主策划并举办一场受欢迎的主题运动会？

子任务1：入项仪式，发布核心任务。

举行入项仪式，进行项目内容介绍，明确本次项目或学习的目标及具体安排，初步分析和反馈问卷调查数据结果。

图 3-37　项目介绍

子任务2：专题讲座，从多角度了解运动会。

本次项目学习中，学校邀请了2008年北京奥运会志愿者到校开展主题讲座，带领同学们从运动会参与者的角度了解奥运会。学生们从中感受运动员身上挑战极限、永不言弃的精神，体会北京奥运会幕后工作人员的辛劳。

子任务3：团体拔河，激发学习热情。

在入项活动的最后，学生通过一场拔河比赛初步感受运动的魅力，将入项活动的气氛推向了高潮。入项仪式、专题讲座和拔河比赛从人文性、工具性和趣味性三个角度，让学生明确了本次项目式学习的目标和内容，对本次运动会的各项筹备工作有了更加具体的认识。

3. 方案设计：怎样在自己的运动会方案中突出主题特色？

子任务1：小组讨论，明确主题。

小组成员通过讨论明确运动会的主题。讨论时可以从以下角度入手：什么样的运动会主题符合有意义、有意思、有可能的活动要求？我想策划一场什么样的特色运动会？确定主题后，组员分工完成主题运动会具体方案。

子任务2：呈现方案。

一份方案的产生，需要经历"班级分组—小组讨论—形成草案—班内竞标—班内投票—优化方案"等步骤，为使本小组的设计方案能在级部竞标中脱颖而出，各小组纷纷设计了独具特色的运动会主题，如：环球美食主题运动会、节日主题运动会、中国味道主题运动会等。

图 3-38　学生完成的主题运动会方案

4. 方案竞选：陈述运动会方案需要讲清哪些内容？ 如何陈述更能突出特色？怎样分组进行运动会筹备更加高效？

本环节需要组织竞选，确立主题运动会方案。每班先在班内推举一组参选代表，并准备自主陈述幻灯片。全年级师生根据参选小组的主题、方案设计、陈述情况进行投票，票数最高的小组中标，该小组所在班级即为本次运动会的主办班级，其他班级则为协办班级。

运动会策划方案完成后，小组成员需要进行明确分工共同推进备选工作：文字组需要进行自主陈述文字的撰写和修改，幻灯片制作小组需要完成方案竞选幻灯片，演讲代表要进行一定的演讲准备。不论竞选结果如何，学生在此过程中都需要充分发挥有效沟通和团队合作这两大能力，才能顺利完成备选任务。

在全年级公开竞标过程中，仅一票之差落选的小雨，分享了自己竞标的感受："这次我们小组合作得非常好，虽然我们没有竞标成功，但是我演讲结束后，很多老师都赞扬我们组设计的传统文化主题运动会特别好，特别是我们有自己的亮点，设计了运动会的传统文化标识和奖状。我们没有遗憾，我喜欢和小伙伴们一起进行项目式学习。"

项目式学习的魅力正在于此，学生在探究和解决真实问题中，不断亲历反思的过程，不断重新认识自我，不断为自己的学习赋予新的意义。

5. 分组筹备，同伴协作：完成主题运动会筹备工作。

在此环节中，学生基于意愿和兴趣进行自由分组，如：赛事项目组、宣传组、后勤保障组和啦啦队组，每个小组分别设定了不同的项目或任务。在这一探究活动过程中，学生既可以自主选择项目式任务，又可以在完成任务的同时提升有效沟通能力和团队合作能力。

表 3 – 12　运动会筹备分组任务表

组别	驱动问题	学习任务
赛事项目组	怎样在比赛开始前向运动员规范地展示标准动作？	1. 学习比赛项目规则。 2. 进行运动项目训练。 3. 录制规则示范与讲解视频。
宣传组	怎样通过海报、横幅和手举牌体现运动员风貌和运动会的主题？	绘制运动会宣传海报、宣传横幅和手举牌。
后勤保障组	1. 怎样进行运动会场地布置？ 2. 举办运动会需要进行哪些后勤准备工作？	1. 设计并制定运动会流程表。 2. 制作号码牌。 3. 场地规划与实地场地布置。
啦啦队组	开、闭幕式的节目如何体现运动会的主题？	1. 设计合适的表演内容框架。 2. 运动会开幕、闭幕表演练习。

图 3 – 39　学生完成的运动会宣传横幅作品

6. 体验反思：在本次项目式学习中，我最大的收获和感受是什么？

运动会在主办和各协办班级同学们的通力合作下顺利举办，精彩的啦啦队开幕式表演、紧张的运动赛事、有序的颁奖仪式、回味无穷的闭幕式给大家留下了珍贵而美好的回忆。

运动会结束后，教师引导各班同学从以下角度进行项目式学习反思：在整个活动中，我印象最深的内容是什么？小组合作中，我们遇到过怎样的困难？又是怎样解决的？

以学生为主体的运动会，不仅能调动学生参与校园活动的积极性，更通过变活动为课程，为学生素养的提升和能力的发展提供了成长空间。

在复盘反思环节，学生纷纷发自内心地写下了自己参与这次主题运动会的感受："我最大的收获是学会了与他人合作共同完成一件事情。同时，我需要改进自己在做海报时不打底稿的习惯。""我们组遇到的问题是项目刚开始时大家的秩序很差、很乱，于是组长采取了轮班的方式，让每位同学都有事可做，并且还能轮流休息，这样就解决了这一秩序问题。""通过这次的项目式学习，我体会到团结就是力量，正因如此，我们组才在那么短的时间就完成了任务。所以，团结的力量没有什么困难可以阻挡！"

这些真切的感受和反思，来自真实的学习实践体验。从运动会方案的构思到方案完成，再到竞选、筹备和参与运动会，学生在真实的学习任务中，与同伴交流沟通，在解决问题的过程中不断达成共识。真实的学习任务为学生习得学科知识和基础能力提供了综合运用情境，正是在解决一个个问题的过程中，学生才能自主找寻学习的积极意义。

在项目式学习的过程中，我们看到学生完成任务时积极参与的态度、高效合作的精神与善于沟通的能力，这是常态课上少有的。作为项目学习的导师，我们发现一个有趣的现象：当学生全身心投入到任务探究之中时，导师反而会显得"无所事事"。那时，我们只需要全身心地关注学生在做什么，他是如何做的就足够了。

在展示环节中，每个小组都展示了自己的想法，并通过沟通合作完善了自己的方案，最让人惊喜的是，平时文化课成绩较低的一组，竟然在最后票选中获得第二名。还有一个小组，从开始的分工到后面的合作，始终没有沟通好，进度落后于其他小组，甚至出现个别学生不愿意参与活动的情况。作为老师的我并没有过多干预，只是询问了这个小组的副组长："你认为遇到这样的情况应该怎么处理?"组长和我说了想法之后，就去协调了这件事，最后这个小组的汇报，就是由那个不愿参与活动的学生完成的。虽然这个小组最后呈现的成果"糟糕"透了，可是学生在这个过程中明白了沟通和合作的重要性。很多时候，学生之间出现矛盾，我们不必急于插手，在老师们可以观察到的范围内，保证安全的情况下，可以给他们时间自己去化解，这样做的效果往往会比老师直接出面解决更好。

正是因为有了这样的"无所事事"，教师有了更多反思的时间和空间，这些反思又进一步发展了教师的课程设计能力和课程实施能力，为教师专业素养的发展不断赋能。

GRASPS 评估设计

项目名称：一场主题运动会

适用年级：四年级

表 3 - 13　"一场主题运动会" GRASPS 模型

目标（Goal）	策划并实施一场深受师生喜爱的主题运动会。
角色（Role）	亦小主题运动会策划员。
受众（Audience）	亦小四年级师生。
情境（Situation）	请你和同伴协作，为本学期的学校运动会设计一份主题运动会策划方案，参与方案竞标，向同学展示最能体现运动会主题特色的内容。
产品或表现（Product/Performance）	设计一份主题运动会实施方案，竞标成功后通过分组协作、合力筹备，确保运动会如期举行。
标准（Standards）	从运动会的方案主题、竞选演讲、赛前宣传、赛事安排、后勤保障等方面进行评价。

项目设计成员：王文娟、刘婷、王俊燕、张怡婷、白璐、高晓蕾、李曼钰、亓顺芳、王益久、董向宇

案例 2　校园生活问题：课间桌游

一、学习任务介绍

（一）任务背景

2021 年 7 月，中共中央办公厅、国务院办公厅发布《关于进一步减轻义务教育阶段学生作业负担和校外培训负担的意见》（以下简称"双减"），持续规范校外培训（包括线上培训和线下培训），有效减轻义务教育阶段学生过重作业负担和校外培训负担。项目式学习是在真实问题驱动下，激发学生学习热情，提升学生素养能力，促进学生全面发展，切实落实"双减"政策，为学生减负提效的一种有效的学习形式。当"学生的课间十分钟可以做些什么"变成一个可驱动的问题时，项目式学习便可由此开启。

学生常常因课间缺乏新颖有趣的活动，出现课间跑闹受伤等安全事故。为了营造安全且有意义的课间生活，在本次项目式学习中，学生将化身为一名桌游设计师，通过实际体验、调研和实操，改进或设计一款适用于亦小二年级学生的课间桌游。

该项目共计 40 个课时，在二年级实施，涉及美术、数学、道德与法治、语文、英语等学科知识。在此次项目式学习中，美术是主导学科，其他学科是辅助补充，学生通过绘画、折纸等方式制作桌游，并通过加入多学科知识丰富玩法。

(二) 学习目标

本次项目的核心观点是：深入了解桌游的设计精髓，能帮助我们创造出既丰富课间生活又促进同学间互动的创意桌游。在核心观点之下，需要我们特别关注的核心概念是：变化和联系。学生将通过本项目学习了解和分析桌游的基本特点，学会流利地阐明桌游规则，创意设计自己的桌游，同时将学科知识融入游戏设计中，如数学的基础运算和英语单词等，从而实现学科学习与游戏娱乐的结合。此外，学生还将学习制作宣传海报，有效地推广自己设计的桌游，通过小组合作分享资源和创意，进一步提升解决问题的能力达成社会情感学习目标。

表 3 – 14 "课间桌游"项目学习目标

核心观点	深入了解桌游的设计精髓，能帮助我们创造出既丰富课间生活又促进同学间互动的创意桌游。	
概念	变化	联系
探究线索	1. 桌游怎样从简单的娱乐活动，演变为能够促进我们学习和社交的工具？ 2. 加入哪些学科元素可以使桌游变得更受同学们欢迎？	1. 桌游与课间活动之间存在哪些潜在的联系，如何通过桌游加强这种联系？ 2. 如何利用桌游这一媒介，融合学科知识，使同学们的课间活动既能辅助学习又能娱乐身心？
学习目标	1. 能通过体验不同种类的桌游，了解什么是桌游。 2. 能清晰、自信地介绍自创桌游的规则和玩法，并邀请同伴参与游戏。 3. 能设计并制作吸引人的宣传海报，有效推广自己的桌游。 4. 能将学科知识（如数学运算、英语单词等）融入桌游设计中，实现寓"学"于乐。 5. 能通过设计有创意、能吸引同学的桌游来解决"怎样使课间活动更有趣"这一问题。 6. 接受玩家的建议和意见，不断完善游戏规则，开发更多新玩法。	

本项目旨在激发学生的创新思维，提升其合作能力和自我表达技巧，同时通过实践活动，提高学生的学科知识应用能力和问题解决能力，最终实现课间活动的创新，激发学生的学习乐趣，丰富校园生活体验。

（三）学习评估

在本次项目式学习过程中，学生们将通过设计个性化桌游、制作宣传海报并推广自己的桌游来实现学习目标。为了确保这些创新活动能够有效地促进学生的学科知识应用、创意思维发展和团队合作能力，我们采用了多样化的评价方式，并邀请多个主体参与评价。

个性化桌游的评估将结合学生自评、小组互评、教师评价和同伴体验反馈，全方位地考查桌游设计的原创性、规则的清晰性以及学科知识的融入程度。这不仅鼓励学生在创新设计中融入学科内容，也促进了学生之间的互动和反馈。桌游宣传海报则通过班级展示投票和专家评审进行评价，重在评估海报的视觉吸引力和主题表达水平。这种评价方式旨在激发学生的创意和审美能力，同时也提高了其在公众场合展示和沟通的自信心。桌游推广活动的评价聚焦于活动的参与度、反馈收集以及成果展示与讨论等方面，以此检验推广活动的影响力和吸引力。

通过这一系列的学习评估，学生不仅在设计和推广桌游的过程中锻炼了自己的实践能力和创新思维，还通过反馈和评价机制，学会了如何从他人的视角审视自己的作品，提升了自我反思和持续改进的能力。整个评估过程旨在营造一个积极的学习氛围，鼓励学生勇于尝试和创新，同时也促进了学生对学科知识的深入理解和应用。

表 3 – 15　"课间桌游"项目评价表

主要产品/表现	成功标准	评价方式	评价主体
个性化桌游	1. 桌游规则说明书逻辑清晰、内容全面，易于理解。 2. 能在桌游中巧妙融入相关学科知识，使玩家在体验游戏快乐的同时还能有所收获。 3. 游戏内容创新性、趣味性强，游戏体验独特，具有足够的吸引力，能激发玩家的参与兴趣。	个人评价 组内评价 班内评价 同伴体验反馈	学生自评 组间互评 教师点评 游戏体验者反馈
桌游宣传海报	海报设计主题明确，具备一定的视觉冲击力和美感，能吸引目标受众注意并激发其体验游戏的欲望。	班级投票 专家评审	生生互评 教师点评 专家点评
桌游推广	1. 成功吸引目标群体参与桌游体验，通过现场体验或介绍，引起同学们的兴趣和讨论。 2. 能够根据玩家反馈对桌游进行持续完善，不断增强游戏的趣味性和玩家的体验感。	参与度统计 反馈问卷收集	生生互评 游戏体验者反馈

二、学习任务的设计与实施

在探究"如何设计一款适合课间的创意桌游"的过程中，学生们经历了从提出问题到实践应用的探索之旅。整个探究过程始于对"课间可以做什么"的探讨，进而学生自主调研市面上各类桌游并进行分析，以确定适合课间特点的桌游要素。接着学生通过自主设计，将创意转化为具体的个性化桌游原型，然后通过行动和反思，评估并优化其设计。最终，在宣传推广阶段，学生将着重思考如何吸引更多同伴参与游戏，并对自己的个性化桌游进行不断完善。这一探究过程不仅促进了学生在创意设计、团队协作等方面能力的发展，还使其体验了从想法到实践的创新过程，加深了学生对课间活动的认识。下面以探究导图的形式呈现整体探究思路。

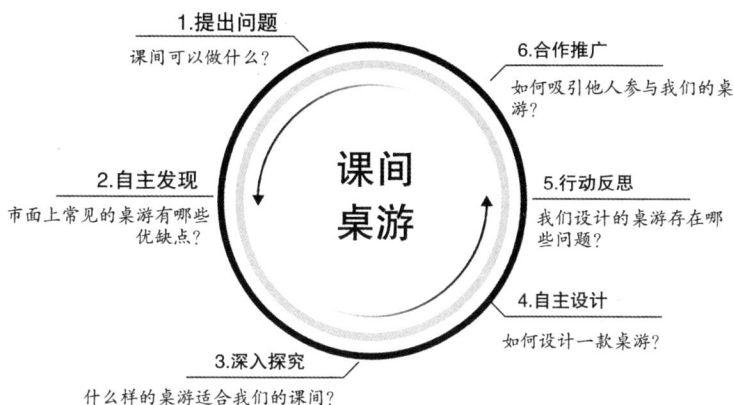

图 3-40　"课间桌游"学习任务探究导图

根据以上步骤安排，具体探究路径如下。

1. 提出问题：课间可以做什么？

子任务1：分析各种常见的课间活动。

在开启"课间桌游"这一学习项目时，教师首先引导学生思考"课间大家通常会做哪些事情，以及不能做哪些事情"。随后，学生们分享了他们的想法。教师进一步引导学生理解"课间活动时要注意安全，大家应共同创造一个安静有序的校园环境"这一前提。最后，学生们进行自主交流，进一步探讨如何在课间合理安排活动。

子任务2：初步认识桌游。

师生共同深入探讨桌游的魅力与玩法。学生先自行阅读关于桌游的简介，随后自愿分享自己钟爱的桌游，通过这样的分享，师生可以更全面地了解各类桌游的独特魅力，激发大家对体验桌游的热情与期待。

子任务3：初步制定班级桌游使用公约。

在制定班级桌游使用公约的过程中，教师有序地引导学生参与讨论，充分听取他们的意见和建议。教师认真记录学生的观点，并加以整理归纳，形成了具有班级特色的课间规则公约。为确保每位同学都能准确理解并遵守公约，教师将最终定稿的纸制版公约发放至每位同学手中。这一过程既体现了公约制定过程的严谨性和民主性，也提高了学生的规则意识与合作精神。

班级桌游使用公约主要内容如下：

1. 课后首先要做好下节课的课前准备，先喝水、上厕所，再开始游戏。

2. 进行游戏时要控制音量，不能喧哗、吵闹。

3. 遇到问题互相谦让解决，不因为玩游戏与同学产生矛盾。

4. 正确面对输赢，不因为游戏结果过分兴奋或沮丧。

5. 听从课间活动管理员的时间提醒，听到提醒后快速收拾游戏器具，回到各自座位，不因为游戏拖延时间。

6. 不霸占某一游戏，同学间轮流玩。

7. 爱护公物，小心使用，避免损坏，使用后摆放整齐，避免器具遗失。

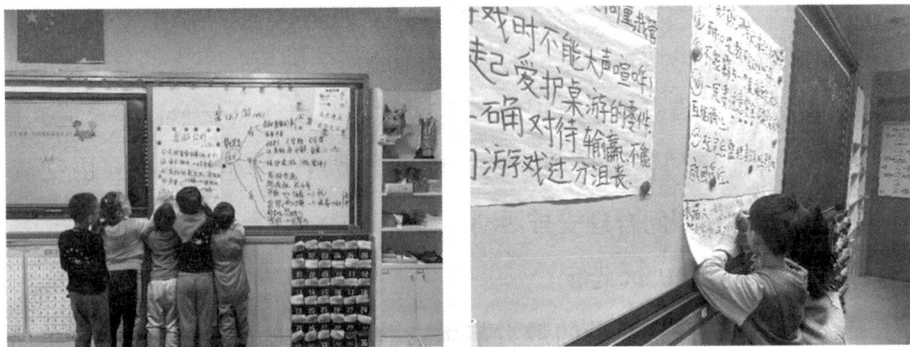

图3-41　学生讨论制定班级桌游使用公约

人们常说，自由是建立在规则之下的。既然想体验桌游的乐趣，那么首先就要遵守游戏规则。制定班级桌游公约其实就是让学生将规则前置，形成规则意识，避免在游戏过程中发生矛盾和争吵。

从班级桌游使用公约的制定过程来看，学生们都能够根据已有游戏经验，你一言我一语地互相补充，有些小组提出来的规则甚至超出了设计组教师们的预设。由此可见，学生是有能力做好这件事的。

从后续体验来看，学生在体验过程中很少出现来找老师"告状"的情况，当这种情况出现时，教师只需要请他们去读一读班级的桌游公约也能轻而易举地化解矛盾，这充分说明"规则前置"是有效果的。

子任务4：开启体验。

教师向学生提供多种桌游，学生按照班级桌游公约进行游戏体验，并记录体验感受。

本次项目学习的开启部分旨在通过资料介绍及讨论让学生对桌游有初步认识，制定桌游使用公约则是为接下来的桌游体验打好基础，激发他们的体验期待。

2. 自主发现：市面上常见的桌游有哪些优缺点？

子任务1：交流总结体验课间桌游的感受。

教师组织班级交流会，让学生分享自己体验课间桌游的感受。学生按照顺序上台发言，详细描述自己游戏过程中的心得体会以及从桌游体验中获得的宝贵经验。这一过程不仅能提升学生的逻辑思维与表达能力，也能增进同学之间的相互了解与友谊。

桌游日志

日期：   我玩的桌游是：
我的喜欢程度：☆ ☆ ☆ ☆ ☆
我在玩的时候是否遵循班级公约：
□是   □有时候能   □不能
我在玩桌游时遇见的问题：

我对这个桌游的想法：

图 3 – 42   桌游日志

子任务2：项目分组。

学生根据自己喜爱的桌游类型进行自主分组，教师根据学生的意愿和能力情况进行微调。

子任务3：分析桌游必备要素。

教师引导学生分析桌游的必备要素，为后续的个性化桌游设计打好基础。

3. 深入探究：什么样的桌游适合我们的课间？

子任务1：分析桌游活动的利弊。

为确保桌游分析的准确性并了解其必备要素，师生共同设计了一份桌游调研问卷。通过这份问卷广泛收集不同玩家的观点与体验，以便深入分析玩家诉求，进一步优化游戏。

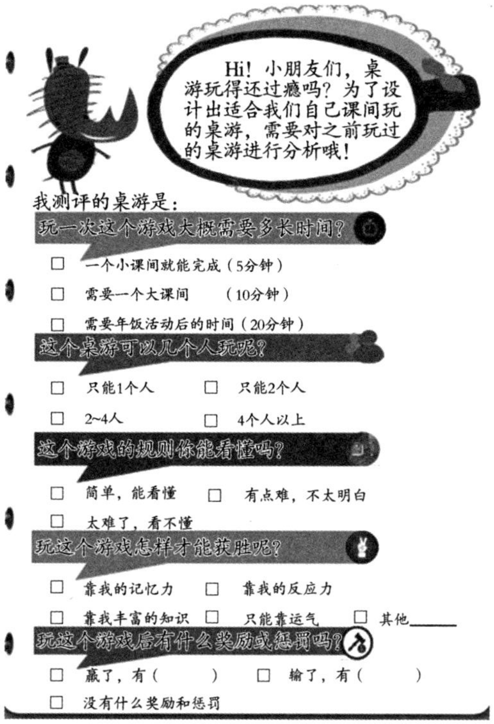

图3-43 桌游调研问卷

子任务2：分析课间活动的时间和场地的特点。

教师引导学生从时间、场地等方面发现课间活动的特点，思考桌游作为一种课间活动应该满足的条件，并通过小组协作的方式，对各项条件进行细致分析，并整理成表格，加深学生对课间时段与游戏场地特点的认识和理解。

子任务3：完成桌游分析报告。

以小组为单位，根据桌游实际使用情况的优缺点，完成课间桌游分析报告。

4. 自主设计：如何设计一款桌游？

子任务1：头脑风暴，考虑设计课间桌游的必备要素。

师生根据桌游分析报告，梳理课间桌游的必备要素，并集思广益对游戏的创造性玩法和知识性元素进行补充。教师记录并整理学生有价值的发言内容，为后续的设计工作提供素材。

子任务2：制定评价量规，形成操作手册。

为了确定我们设计的桌游是否受别人喜爱，我们需要制定一个评价量规。首先，我们需要思考制定评价量规的维度，如游戏时长、规则合理性、趣味性、公平性等。然后，进行小组讨论、交流补充，完善各个维度的内容。最后，形成完整的评价量规，以便对个性化课间桌游进行全面评价。

表3-16 桌游评价表

评价内容	评价
游戏时长	
规则合理性	
趣味性	
公平性	

子任务3：合理安排时间地点，制作个性化桌游。

组内成员在家长帮助下选定时间与地点在校外初步制作游戏器具。在校内，师生共同完善素材，确保游戏的质量和趣味性。通过校内校外相结合的实践方式，提高桌游素材制作效率并保证游戏设计的品质。

在制作过程中，学生根据每个人的长处对制作过程进行分工：美术功底强的成员负责美工设计，书面表达好的成员负责撰写游戏说明，逻辑思维能力强的成员负责对游戏规则进行复核，动手能力强的成员则负责剪贴制作……小组成员充分发挥自己所长，共同完成了桌游制作。

在这个过程中，我关注到班级一位叫辰辰（化名）的学生，他平时是老师们眼中的"小淘气"，但是在这次项目式学习的过程中，他发挥自己的绘画特长，认真负责地完成自己的分工任务，在最终的小组互评中，他获得了全组同学的一致好评。通过这次项目学习，他找到了自信，激发了学习内驱力，在后续的日常学习中不断进步。

5. 行动反思：我们设计的桌游存在哪些问题？

子任务 1：班级内测并完善个性化桌游。

在这一环节，各小组依次在班内展示其所设计的个性化桌游，详细介绍游戏规则，并进行实际操作演示。

随后，全班同学根据先前制定的评价标准，对各小组的桌游设计进行客观、公正的评价。在最后的组内反思和研讨环节，各小组根据评价结果，进行深入的反思和讨论，针对本组桌游目前存在的问题和不足，进行修改和完善。通过这一环节，学生能更加深入地理解桌游设计原则和方法，提高他们解决问题的能力和团队协作的水平。

子任务 2：二轮公测。

接下来学生邀请家长、其他班级的师生等群体进行游戏公测，请他们根据自身的专业知识和使用经验，对游戏进行全面评估，并提供宝贵的意见和建议。最后，师生综合考虑各方面建议，进一步完善课间桌游。

6. 合作推广：如何吸引他人参与我们的桌游？

子任务：桌游摊位设计。

师生首先通过头脑风暴探讨了摊位吸引人的因素，包括醒目的标题、鲜艳的色彩、海报介绍和附送周边礼品等关键要素。为了更具体地实现这些要素，学生根据摊位布置要求进行了组内分工。

一个醒目的标题能够迅速吸引路人的注意力，让他们产生进一步了解的兴趣。标题不仅要简短有力，还要与桌游主题紧密相关。

色彩是影响视觉冲击力的重要元素。使用鲜艳、饱和度高的颜色可以增强摊位的吸引力。可使用与桌游主题相匹配的颜色布置摊位，以增强整体的一致性。

海报和宣传材料是展示桌游特色的重要媒介。海报内容应着重突出游戏的主要特点、玩法和亮点，还可以展示一些游戏的高光时刻或元素插图。

附送周边产品也是一种有效的宣传方式。可以通过制作与游戏相关的周边礼品，如徽章、卡片或贴纸等，吸引路人。

通过这次活动，学生们不仅对如何布置吸引人的摊位有了更深入的理解，还学会了小组协作完成任务并充分发挥自己的创造力。

GRASPS 评估设计

项目名称：课间桌游

适用年级：二年级

表 3 - 17 "课间桌游" GRASPS 模型

目标（Goal）	改进或设计一款适用于亦小二年级学生的个性化课间桌游。
角色（Role）	桌游设计师。
受众（Audience）	亦小二年级师生。
情境（Situation）	学生在课间缺乏新颖有趣的活动。
产品或表现（Product/Performance）	课间桌游。
标准（Standards）	从桌游的内容、玩法、体验、宣传方式以及小组成员的合作沟通能力等方面进行评价。

项目设计成员：刘丽萍、何辉、杨柳、高元昌、苏清霞、杨育蓉、冯佳楠、陈颖、周川淇、黄茜茜、王颖

案例3　校园环境布置：草木华彩

一、学习任务介绍

（一）任务背景

2022年10月，教育部印发《绿色低碳发展国民教育体系建设实施方案》，把绿色低碳发展纳入国民教育体系。草木染，作为一种充分利用自然资源、具有绿色生产特质的传统技艺，体现了绿色发展理念。开展"草木染"这一项目式学习活动，可以引导学生珍惜和恰当利用自然资源，追求环保的生活方式，培养实践绿色生活的能力，为学生的未来生活做好积极准备。

"草木染"这一项目式学习课程不仅符合绿色低碳发展的教育理念，更蕴含着丰富的传统文化内涵。草木染中的部分扎染工艺，正是源自国家级非物质遗产自贡扎染技艺和白族扎染技艺。学生在体验草木染的过程中，能进一步感受我国非物质文化遗产的魅力和古代劳动人民的智慧，对绿色低碳生活和传承中华文化有更深入的认识和体会。

（二）学习目标

本次项目的核心观点是：中国优秀传统文化经过不断传承与发展，至今仍能给人们带来独特的审美体验。在核心观点之下，需要我们特别关注的核心概念是：功能、变化和审美。在"功能"探究中，学生将学习如何利用科学原理提取植物色素并应用于布料染色，体验科学与艺术的结合。在"变化"和"审美"的探究过程中，学生用染色后的布料设计并制作具有个人风格的草木染服饰，尝试通过艺术创作表达个人审美，深入理解和欣赏中国传统工艺的美学价值。

本项目的学习目标围绕探索与实践、创新与应用、艺术与设计、文化传承与交流四个方面展开，旨在使学生通过动手实践学习到如何将传统技艺与现代审美结合，培养其对传统文化的认识和尊重，同时锻炼他们的创新思维和实践能力。通过展示和宣传活动，学生还将有机会分享他们的学习成果，推广中国传统技艺，展现自己的文化自信。

表 3 – 18　"草木华彩"项目学习目标

核心观点	中国优秀传统文化经过不断传承与发展，至今仍能给人们带来独特的审美体验。		
概念	功能	变化	审美
探究线索	如何使用合适的工具和方法，提取植物色素并扎染布料？	如何通过设计、制作草木染服饰，美化我们的生活？ 如何通过草木染服饰，向大家宣传中国传统技艺？	
学习目标	1. 能够掌握并运用合适的方法提取植物中的色素，并通过实验探究固色剂的作用，提升科学探究和实验操作的能力。 2. 能够在扎染布料的过程中，通过不断实践与创新，掌握调整技术和策略的方法，并创作出个性化且富有创意的图案，提高创新思维和审美能力。 3. 能够利用合适的工具和方法，设计并制作具有审美价值的草木染服饰，并在这一过程中，提升艺术设计能力和对美的感知。 4. 能够通过各种形式的展示、宣传和售卖活动，推广草木染，弘扬中国传统技艺，并在此过程中增强文化自信和社会交往能力。		

本项目不仅是一次中国传统技艺的传承和体验过程，更是一次将传统文化融入现代生活的创新实践。项目实践过程涵盖了科学探究、艺术创作、文化传承和社会实践等多个方面，旨在通过跨学科的学习方式，提升学生

的科学实验能力、艺术审美能力和文化自信。

（三）学习评估

在本次项目式学习过程中，学生将担任草木染传承人和宣传者的角色，受众以校园里的老师、同学为主，也可以走进社区、公园等公共场所向更多人宣传草木染。以下是在本次探究过程中产生的主要产品或表现及相应的成功标准。

表 3 - 19　"草木华彩"项目评价表

主要产品/表现	成功标准	评价方式	评价主体
草木染服饰的设计和制作	1. 能设计出可以给人以美的感受的草木染服饰，并获得多位老师、同学的认可。 2. 制作出的服饰细节完善，无明显瑕疵，染色图案清晰，整体效果与设计图一致。 3. 能在服饰设计、制作过程中，积极与他人沟通、互助，并进行至少一次的作品改进。	组内评价 班内评价	生生互评 师生共评
草木染服饰的展示和宣传	1. 在走秀过程中能做到挺胸抬头，动作自然流畅地展示草木染服饰。 2. 服饰介绍有条理，介绍内容包括设计灵感、草木染的特色，能引起多位听众的兴趣。 3. 能举例说明自己在学习过程中的反思与收获。	班内评价 校内评价	生生互评 师生共评

二、学习任务的设计与实施

在本探究项目中，学生着眼于如何利用草木染服饰传承和展示中国传统技艺，从初步提出"如何借助草木染展现中国技艺"的问题开始，到学习提取植物色素并应用于扎染布料的技巧，学生逐步深入探索。他们不仅设计并制作了充满传统艺术价值的草木染服饰，还尝试通过公众展示活动来宣传这一传统技艺。最终，在行动反思环节，学生总结了在实践中学到的知识和技能以及对传统文化传承的深刻理解。这一探究过程不仅加深了学生对草木染技艺的了解，还锻炼了他们的实践和创新能力，促进了中国传统文化的传播，提升了文化认同感。下面以探究导图的形式呈现整体探究思路。

"草木华彩"项目式学习探究导图包括 5 个核心步骤，根据步骤安排，具体探究路径如下。

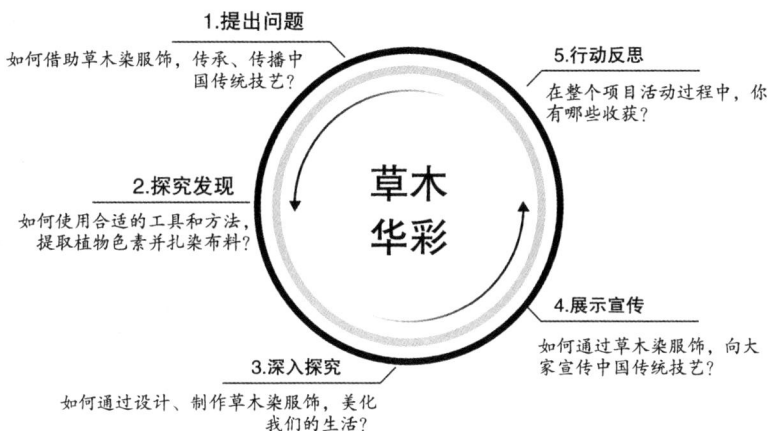

图 3-44　"草木华彩"学习任务探究导图

1. 提出问题：如何借助草木染服饰，传承、传播中国传统技艺？

子任务 1：结合"染"字字源，认识草木染。

教师出示草木染作品，通过这些作品引导学生思考这些颜色的来源。接下来，教师出示"染"字，引导学生思考其含义并进行总结。最后，师生一同参观教学楼中的草木染展廊，亲身感受草木染的独特魅力。

在参观展廊时，小 L 同学说："来到草木染展廊，我惊讶地发现，这里每件草木染作品的图案都是独一无二的，这让我对草木染的兴趣更浓厚了！"

子任务 2：借助资料，加深对草木染的认识。

教师以"关于草木染，你们已经知道了什么"这一问题引导学生填写"草木华彩"KWL 表中的"我已经知道的（K）"部分。接着，学生通过阅读相关资料和观看有关视频，深入了解草木染的历史起源、文化内涵以及传统染料的制作。在此过程中，教师再次提问："通过这些文本和视频，你们又了解了哪些关于草木染的新知识？"学生将所知内容填写在表格中的"我学到的（L）"部分。

我已经知道的（K）	我想知道的（W）	我学到的（L）

图 3 - 45 "草木华彩" KWL 表

子任务 3：理解项目意义和核心任务。

教师引导学生表达自己对草木染的初步感受。学生们认为草木染不仅历史悠久，还体现了中国古代劳动人民的智慧，这种染色工艺既环保又独特，体现了人与自然和谐相处的美好关系。随后，教师介绍了草木染鲜少被使用和关注的现状，学生们再次表达自己的感受。许多学生认为这是一种遗憾，应该让更多人了解并欣赏草木染的美，他们希望通过学习制作草木染并对其进行宣传，让更多人了解这种技艺。

于是，师生共同决定借助服饰来传承和传播中国传统的草木染技艺。随后，学生们进行了头脑风暴，梳理出项目探究的基本流程。最后，教师抛出了本次任务的最后一个问题："关于草木染，你还想知道什么？"学生们自主思考并填写表格中的"我想要知道的（W）"部分，即他们想要进一步了解的关于草木染的知识，激发了学生的好奇心和探究欲望。

过程剪影

在整个项目活动过程中，每天抽出固定时间梳理 KWL 表格，并组织学生相互交流、学习，是促进学生在项目式学习过程中共同成长的重要环节。

2. 探究发现：如何使用合适的工具和方法，提取植物色素并扎染布料？

子任务 1：提取植物色素。

教师首先引导学生思考植物为何能展现出不同的颜色，从而引出植物色素的概念。然后，师生共同探讨了几种主要植物色素的来源和特性，如叶绿素、花青素和胡萝卜素等。接着，教师引导学生探究提取植物色素的具体方法，包括压榨、熬煮和溶剂萃取等。最后，教师为学生布置了一个小任务：从生活中常见的植物中提取一种植物色素并将其带到学校。

小任务完成后，全班交流讨论以下问题：你从哪种植物中提取出了什么颜色的色素？你用到了哪些提取植物色素的方法？在提取色素的过程中，你遇到了哪些问题？你认为出现问题的原因是什么？你是如何解决的？

子任务2：探究植物染料的变化。

教师启发学生思考：如何在有限的色素资源下创造出更多的颜色？有的学生借鉴美术中的调色方法将不同颜色的色素混合在一起；还有学生在色素中加入其他物质，改变色素溶液的酸碱度使其颜色变化。

- 过程剪影

经过一系列色素混合实验，小Y同学这样说："由于我们能从植物中提取的天然植物色素是有限的，于是我们做了一项小实验，来探究植物染料颜色的变化。我们从紫甘蓝中提取了紫色色素，加入白醋后，它发生了神奇的变化，变成了粉色。我们又在组内进行了多次实验，通过改变几种不同的天然色素的酸碱性，调配出新的颜色，真是太不可思议了！"

子任务3：探究固色方法。

提取出不同颜色的植物色素后，学生进行了一次头脑风暴，探讨怎样可以使颜色长时间、稳定地留在布上，教师适时引出了固色剂的概念。随后，教师简要介绍固色剂的固色原理，并引导学生通过实验，探究生活中可以作为固色剂的物质。

3. 深入探究：如何通过设计、制作草木染服饰，美化我们的生活？

子任务1：欣赏草木染作品的图片。

教师出示多种用草木染布料制成的生活用品的照片，包括家居饰品、服饰等。

- 过程剪影

通过展示不同种类的草木染作品，让学生深入了解草木染的多样性和实用性，感受草木染与我们日常生活之间的紧密联系，激发学生的学习兴趣和创作热情。

子任务 2：探究草木染的方法步骤。

首先，教师向学生介绍草木染的关键步骤和注意事项，为其提供基本的操作框架。接着，学生自主学习关于染材的知识，并根据使用说明配制染料。最后，通过观看介绍扎染技艺的视频，了解不同图案的扎染方法。

过程剪影

掌握了不同染材的相关知识后，小 M 同学将学习过程进行了如下记录：通过今天的学习我知道了，靛蓝染料需要进行充分搅拌，搅成绿色才能用来染布，苏木越煮颜色越深……用明矾来固色是红色，用皂矾来固色就会变成紫色。想让这些染料着色牢固，那可少不了固色剂的帮忙。

子任务 3：制作草木染产品。

学生首先绘制设计图，然后用纸巾进行试染，通过不断地优化操作，染出自己想要的图案。在此基础上，学生进一步学习如何从白布开始，经历规划布料用途、测量和裁剪布料、设计图案、绞扎、染布、漂洗等一系列步骤，最终得到染好的布料。最后，学生使用白布动手制作各自的草木染产品，体验从原材料到成品的完整创作过程。

过程剪影

第一次草木染实践课结束后，三班的杨育蓉老师因染出的蓝色产品效果没有达到预期而感到失望和自责。校长史丽英得知情况后，及时安慰她并强调，失败是师生共同学习和成长的重要部分，项目式学习重在让学生在解决问题的过程中提升核心素养，而不只专注于追求实践的结果。

杨老师由此受到启发，当晚再次与其他老师一起讨论了该项目

过程剪影

的意义和具体执行环境，并重新调整了染料和还原剂的配比，进行了多次试染。第二天，她带领学生仔细复盘，分析了失败的原因，并进行了第二次草木染实践。当一件件颜色纯正、纹理清晰的靛蓝色扎染制品呈现在大家面前时，教室里充满了孩子们激动的欢笑声，杨老师的眼角也沁出了泪水。在本次实践任务中，他们不仅制成了精美的扎染产品，更收获了复盘思辨的能力和坚定的信念。

过程剪影

通过一系列的动手实践，学生的团队协作能力和反思能力都有了很大提升，面对染色失败的情况，他们也会试着用自己的方法寻找原因，积极解决——"用纸巾染色成功后，我们对染布有了信心。当我们看到选择染蓝色的小组都染得很成功，可是我们选的黄色染料染出来的图案就特别不明显，心里就有点难过。这到底是为什么呢？原来是因为我们的皮筋没有扎紧，如果皮筋不扎紧，染料会渗到皮筋和布的缝隙里。于是在之后染大布和染服饰时，我们就牢牢地记住了这个教训，把皮筋扎得特别紧，紧到我们拆的时候都要用剪刀才能剪开皮筋。后来，我们染大布、染服饰，都非常成功。"

小N同学：我发现，染色时时间一定不能太短！当时我们组有一位同学，染布时很心急，染了不到10分钟就拿出来了，结果颜色染得很浅，也没有什么花纹。经过这件事我知道了"心急吃不了热豆腐"，一定要耐心地做事情才会有好的结果。

子任务 4：展评草木染作品。

教师通过提问和引导，鼓励学生分享自己创作草木染的经验和感受，积极发表个人看法和建议，让学生在增进交流的同时也有机会欣赏和学习同伴的优秀作品。此外，学生还可以根据老师和同学的评价与反馈，对自己的作品进行进一步的反思和改进。

4. 展示宣传：如何通过展示草木染服饰，向大家宣传中国传统技艺？

子任务 1：完善草木染作品。

小组分工合作，尝试用草木染布料制成服饰或用草木染技艺扎染旧衣，使其旧貌换新颜。

子任务 2：准备宣讲素材。

小组制作草木染宣讲材料，如海报、幻灯片等。

过程剪影

　　宣讲材料的准备过程，考验学生团队协作和解决问题的能力，小 W 同学在自己的探究笔记中这样写道："想要宣传草木染，那就先绘制一份海报吧！做海报最考验的就是小组的分工与合作。我们组在做海报时，就遇到一个让我苦恼不已的问题。我们组的一位同学在接到他的任务之后，并没有开始着手准备，而是无所事事，一会儿玩纸飞机，一会儿玩笔盒。我们经过沟通发现，分配给他的任务对他来说太有挑战性，所以他才不想好好做。经过讨论，我们重新分配了适合他的任务，我们小组在之后的合作中就顺利多啦！有些小组在练习宣讲的时候，也遇到了和我们一样的问题，他们就采用了相互鼓励的方法，让不自信的同学变得自信起来。所以，在小组合作遇到问题时，一定不要互相指责，我们可以多沟通，一起分析原因，想办法，看看分工是否适合，朝着目标一起前进。"

子任务3：选择展示、宣传方式。

经过小组讨论、全班讨论，师生共同确定了三种展示、宣传方式：草木染服装秀、草木染集市、草木染分享会。

5. 行动反思：在整个项目活动过程中，你有哪些收获？

子任务1：多渠道展示、宣传草木染。

学生们穿着自己亲手染制的草木染服饰进行走秀，展示了他们的创作成果。随后，在草木染集市上，他们进行了草木染作品的展示和交易。此外，在分享会上，学生们还分享了自己在本次项目式学习过程中的学习经历和创作过程。

子任务2：项目感受的记录与分享。

学生们记录自己在准备和参与项目活动过程中的感受和收获，并分析展示、宣讲活动是否达到了预期效果及原因。

过程剪影

谈到本次项目式学习的收获和体会，小S同学说："通过草木染课程，我了解到了更多中华传统文化。中国古代劳动人民能想到用植物中的颜色去美化生活，从提取染料到捆扎布料染色的每一步都充满了他们的智慧和对美的向往，作为一名中国人，我感到很骄傲，很自豪！"

GRASPS 评估设计 _____

项目名称：草木华彩

适用年级：三年级

表 3 - 20   "草木华彩" GRASPS 模型

目标 (Goal)	在新时代背景下,以服饰为载体,传承、发扬中国传统的草木染技艺。
角色 (Role)	草木染的传承人和宣传者。
受众 (Audience)	草木染产品受众。
情境 (Situation)	我国的许多非物质文化遗产有着光辉灿烂的过去,如今却因种种原因淡出人们的视野,甚至可能面临着失传,草木染技艺就是其中之一。如何从我做起,传承、发扬草木染呢?衣食住行是人们的基本需要,请你设计、制作一款草木染服饰,用草木染美化我们的生活,并通过展示、宣传让更多的人了解草木染吧!
产品或表现 (Product/Performance)	1. 草木染服饰的设计和制作。 2. 草木染服饰的展示和宣传。
标准 (Standards)	本项目将从草木染设计、制作、展示、宣传以及小组成员的合作、反思、沟通能力等方面进行评价。

项目设计成员:卢红旭、杨柳、高元昌、杨育蓉、苏清霞、甄子毓、陈颖、黄茜茜、范鑫、张怡婷、张晨玉、刘丽萍、李艳芳、房雅楠、陈韵竹、王颖

第三部分　源于真实挑战的项目

案例 1　文化产品：故宫少年行

一、　学习任务介绍

（一）任务背景

"故宫少年行"这一学习项目是学生自主学习、合作探索的一个里程碑，该项目的素养目标聚焦于提升学生的深度阅读和写作能力、分析与批判性思维、自主学习能力三个方面。

北京是一座历史文化名城，其中最能代表其历史地位且承载丰厚文化历史内涵的建筑群便是北京故宫。故宫作为一处典型的宫殿建筑群，它的独特内涵和所承载的文化意义构成了本项目的空间线索。学生在本次项目式学习的过程中，将以空间线索为基础，寻找一条适合自己的研学线索，并以此将故宫的历史功用、文化内涵、建筑特色等内容串联起来，设计一份适合同龄人使用的故宫研学手册。

（二）学习目标

本项目的核心观点是：世界文化遗产向人类传递着民族特有的精神、

思维方式和想象力。在核心观点之下，需要我们特别关注的核心概念是：形式、变化以及辩论。从形式的角度我们可以探索：北京故宫建筑群对不同时代的人而言分别有怎样的意义？故宫中的哪些设计是中华文明独一无二的象征？并尝试思考：北京故宫与世界文化遗产之间是什么关系？继而从变化的角度思考：我们可以以怎样的方式介绍故宫，怎样让自己的推广方案更有吸引力？在探究的最终阶段，我们还将从辩论的角度，进一步审视这一中国世界文化遗产的代表——故宫，讨论：鲁迅先生说"只有民族的，才是世界的"，你认为文化的民族性和世界性矛盾吗？

下面是"故宫少年行"项目的学习目标形成路径。

表 3 – 21　"故宫少年行"项目学习目标

核心观点	世界文化遗产向人类传递着民族特有的精神、思维方式和想象力。		
概念	形式	变化	辩论
探究线索	1. 北京故宫建筑群对不同时代的人们而言分别有着怎样的意义？ 2. 故宫中的哪些设计是中华文明独一无二的象征？ 3. 北京故宫与世界文化遗产之间是什么关系？	1. 向大家推广北京故宫的方式有哪些？ 2. 北京故宫的文创产品为什么能独具特色？ 3. 怎样设计一份吸引人的方案，向世界介绍故宫建筑群？	1. 研学旅游和读书观影，哪一种方式能让更多的人喜欢故宫，了解中国文化？ 2. 鲁迅先生说："只有民族的，才是世界的。"你认为文化的民族性和世界性矛盾吗？

学习目标	1. 能根据探究需要搜集和分析与故宫相关的历史文献和资料，清晰、有逻辑地表达自己对故宫文化的理解和感受。 2. 能通过观察故宫的建筑特点，学习建筑中的科学原理，如光影效果、温控等，探索古代建筑师是如何利用自然科学知识来设计这些宏伟建筑的。 3. 能运用所学的数学知识，探索故宫建筑的几何美学，能运用数学工具测量并绘制简单的故宫平面图。 4. 能通过绘画、制作模型来再现故宫的艺术风貌，学习其中的艺术设计和装饰元素，提升艺术感知力和创造力。 5. 能运用合适的工具和材料，与同伴合作完成故宫建筑模型，从中体会团队协作的重要性。 6. 能借助现代信息技术，丰富项目学习所得。

（三）学习评估

本次项目式学习过程中，学生将担任"研学手册设计师"这一角色，以参观故宫的同龄人为目标受众，设计出尽可能满足同龄人各种研学需求的研学产品。以下是在本次探究过程中产生的主要产品或表现及相应的成功标准。

表 3 - 22　"故宫少年行"项目评价表

主要产品/表现	成功标准	评价方式	评价主体
研究报告	1. 标题能清晰地体现出研究的主要内容。 2. 能抓住研究的核心内容提出具体问题，问题具有针对性。 3. 能写清研究方法，研究方法丰富且具有可操作性。 4. 能筛选用来支持自己研究的相关资料并通过对资料进行简要的概括和分析来支持自己的结论。 5. 探究报告所得出的结论能够解答前面提出的问题。	组内评价 班内评价	生生互评 教师点评

主要产品/表现	成功标准	评价方式	评价主体
研学手册	1. 主题突出，内容完整，能够清晰地展示研学内容。 2. 手册结构合理，排布均衡，各部分风格统一。 3. 版式疏朗，设计美观，富有传统文化元素，主要信息完整、准确。 4. 手册辅文齐全，整体设计风格亮点突出，设计元素与主题契合。	班内评价	教师点评
沙盘模型	1. 模型制作比例基本准确，制作精良。 2. 制成的沙盘能够精确地安置到总平面图中。	组间评价 班内评价	小组互评 师生共评 专家点评
展示汇报	1. 汇报中包含主题内容的详细研究过程。 2. 汇报中所引用的资料较为丰富且有权威出处，并能结合经验和知识进行推论，并得出合理、有意义、有事实支持的结论。 3. 能够开门见山地介绍演讲的主题，并以此吸引观众。 4. 汇报时结构合理，逻辑清晰，不同部分的汇报内容间具有层次性和连贯性。 5. 在汇报的最后，能用令人印象深刻的方式，再次强调汇报的主题和得出的结论。 6. 在汇报时，说话仪态自然、语言活泼、音量适中，能有效使用一些非言语的提示，如面部表情、手势、姿势等增强亲和力。	组内评价 班内评价	生生互评 师生共评

二、学习任务的设计与实施

在实施"故宫少年行"这一项目的过程中，学生经历了提出问题、自主发现、深入探究、构建理解、行动反思 5 个探究过程。首先，在提出问题阶段，学生通过团队讨论规划项目学习的具体路径，确定研学的目标和预期成果。接着，在自主发现、深入探究阶段，学生选择一个独特的视角，深入了解故宫，并以此为线索制作研学手册。在建构理解阶段，学生将分析手册的内容深度和广度，探讨它在传递传统文化知识方面的有效性。最后，在行动反思阶段，学生将基于前期的探究活动和反馈，修订和完善研学手册，使其更贴近我们的探究需求和学习目标。这可能包括添加新的研学主题、更新信息或者引入互动元素，以增强手册的教育价值和参与度。通过这一系列探究过程，学生不仅能够深入理解故宫的历史和文化，还能通过实践活动，将传统文化的学习与现代教育相结合，为研学参与者提供内容丰富、形式多样的学习体验。下面以探究导图的形式呈现整体探究思路。

根据上述步骤，具体探究路径安排如下。

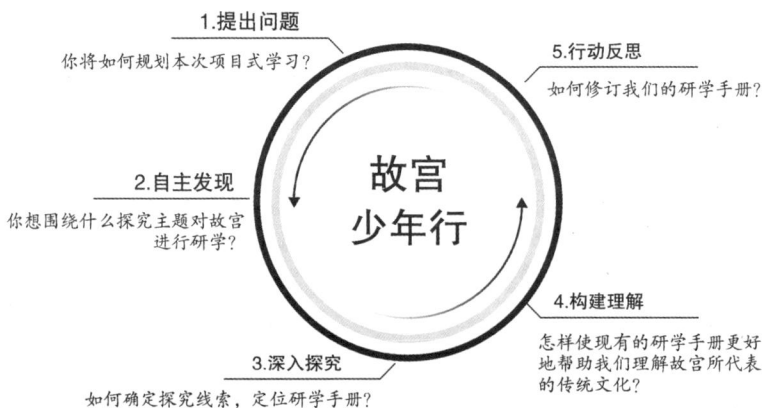

图 3-46　"故宫少年行"学习任务探究导图

1. 提出问题：你将如何规划本次项目式学习？

子任务1：项目入项活动，发布探究任务。

"故宫少年行"项目式学习以集体大课的形式开展，各班同学在老师的带领下进行入项学习，了解此次课程的开展目的和意义。学校邀请了故宫博物院资深讲解员李光为同学们带来了《关于故宫研学的思考——尝试打开故宫建筑百科全书》的主题讲座。在讲座过程中，嘉宾从古代建筑的布局、建筑造型、材料结构、装饰艺术等角度对故宫进行了全方位的立体介绍，向同学们呈现了一份精彩丰富的故宫文化研究报告。

子任务2：明确探究内容，了解项目任务。

学生使用"须知表"梳理自己对项目内容的初步思考。学生将按照各自"须知表"所填内容，进入不同导师带领的探究小组，与小组的其他成员一起搜集资料并进行筛选和整理，最终结合自己的思考得出结论。

表3-23 探究须知表

须知表		
待解决的问题	已经知道的内容	需要知道的问题
		问题1
		问题2
		问题3

过程剪影

值得关注的是，这次五年级的师生进行了一次"全数字化"项目学习实践，他们将每一个探究环节、每一次思考线索、每一次小组合作都及时上传到项目平台，导师除现场引导外，也会在平台上通过填涂等级、主观评语、语音和文字留言等方式给予指导。同时，为了保障项目式课程的顺利进行，在项目开始前，前期研发组的老师认真研究、落实持续性理解的课程内容和架构等工作，并编制了项目式学习的教师手册和学生手册，为参与项目的师生提供了课程的内容主线、日程安排和工具量表。

在这次探究活动中，同学们关于故宫有许多新的发现，比如从宏观、中观、微观三个层面认识故宫，发现了故宫的颜色含义、多种神兽的差异、建筑中的榫卯结构等。线上讨论的小组还根据线下讨论公约制定了线上讨论公约，并借助多种应用平台提高小组工作效率。

2. 自主发现：你想围绕什么探究主题对故宫进行研学？

子任务 1：学生初次分组，探索故宫。

学生根据研究主题搜集资料，并对资料进行筛选和整理，结合自己的思考得出结论，完成研究报告。反复修改研究报告后，可将自己的研究成果介绍给他人。

子任务 2：分享探究成果，思考探究线索。

学生在导师的引导下使用观点—证据—提问表（CSQ 表）对研究报告进行评价——哪些结论是合理的，可以作为我们的研究线索；哪些结论是不合理的，需要继续补充资料并完善整理。学生以完善后的研究报告为基础，确定班级的探究线索和研学手册的主题。

表3-24 研学线索CSQ表

对研究报告的思考		
预设的探究主题	搜集整理后的资料	对预设问题的疑问
观点（C）	证据（S）	提问（Q）

提示：小组成果回读研究报告填写观点和证据，相邻两组互相阅读研究报告完成提问、补充、反对、点赞，并将提问记录在表格中。

3. 深入探究：如何确定探究线索，定位研学手册？

子任务1：导师组间分享，确定探究线索。

师生根据研究报告确定探究线索，并进一步充实探究必备元素。

子任务2：学生小组讨论，定位研学手册。

导师带领学生使用成功标准四宫格确定研学手册的评价标准。

成功标准四宫格

成功标准1	成功标准2
成功标准3	成功标准4

"他山之石，可以攻玉。"学生在导师的带领下，在交流中收获了许多宝贵的意见，了解了许多其他人的想法。这一过程可以帮助学生将故宫研学手册进行进一步的结构化处理，并把前几次的探究收获进行整合思考。通过组间交流，很多同学发现研学手册原来可以这么多元、这么有趣，比如付浩然小组特别开发了研学的情境化游戏，以游戏的方式带大家学习了解故宫中的神兽。

除了付浩然小组开发的情境化游戏外，还有许多其他小组也展现出了创意和热情，他们的故事同样精彩纷呈。比如，李思琪小组决定以"故宫的建筑之美"为主题，深入研究故宫的古建筑风格。他们不仅学习了古建筑的构造和特色，还亲手制作了古建筑模型。在这个过程中，他们发现了古建筑中的对称之美、细节之精，体会到了其背后蕴含的深厚文化。他们的研学手册充满了对古建筑的敬畏和热爱，也激发了其他同学对古建筑的兴趣。

王梓轩小组则对故宫的藏品产生了浓厚兴趣。他们聚焦故宫的珍宝馆，通过各种渠道搜集资料，深入了解每一件藏品的背后故事。他们还将这些信息整理成册，配以精美的插图和解说，让其他同学也能感受到故宫藏品的魅力。在这个过程中，他们不仅学习了历史知识，还提升了自己的审美能力和艺术修养。

还有张悦然小组，他们对故宫的历史文化非常感兴趣，所以决定以"故宫的历史变迁"为主题进行研究。他们通过查阅大量文献资料，梳理了故宫从明清两代皇宫到现代博物院的历史脉络。他们的研学手册不仅详细记录了故宫的历史沿革，还分析了不同历史时期故宫的功能和地位变化。这让其他同学对故宫有了更全面的认识，也激发了他们对历史文化的兴趣。

这些小组的故事充分展示了故宫研学之旅的多元性和趣味性。通过交流和学习，孩子们不仅丰富了自己的知识储备，还提升了自己的综合能力和团队协作精神。这一份份研学手册也成了他们宝贵的记忆和成长的见证。

4. 建构理解：怎样使现有的研学手册更好地帮助我们理解故宫所代表的传统文化？

子任务1：分析研学手册结构。

学生寻找市面上常见的几种故宫研学手册和热门场馆资源，收集可用元素。经过班级讨论，确定本组手册的结构和主体元素。

子任务2：分工制作研学手册。

学生根据小组分工制作研学手册，并在导师的指导下对手册进行润色和修改。在完成手册的过程中，学生还可以使用量规对探究内容进行自我对照和反思修改。

过程剪影

"我觉得我们可以把研学手册做成一本探险小说！"小A同学兴奋地提议道。他一直对神秘的历史故事充满好奇，希望这次的研学手册中能有点不一样的元素。

"哇，这个主意不错！"小B同学立刻附和道。她是个喜欢挑战和刺激的女孩，探险小说这个元素正好符合她的口味。

其他人也纷纷点头表示赞同，他们都觉得这个主意既新颖又有趣。于是，在导师的引导下，他们开始商议手册的具体结构和内容。

在讨论的过程中，小 C 同学提出了一个有趣的观点："我们可以在手册里加入一些谜题和线索，让同学们在研学的过程中边学习边解谜，这样不是更有趣吗？"

"对啊，对啊！"小 D 同学兴奋地补充道，"我们还可以设置一些奖励，比如解开谜题后可以得到一些小礼物或者解锁额外的知识点。"

这些有趣的提议立刻得到了大家的热烈响应。他们开始设想手册中可能出现的谜题和线索，有人甚至已经开始构思故事情节了。在制作手册的过程中，学生们不断提出新的想法和发现。有人发现了一本古老的故宫游记，里面记载了许多有趣的历史故事和传说；有人则找到了一些珍贵的老照片，它们展示了故宫不同时期的风貌……这些发现都被巧妙地融入这本研学手册中，使得手册的内容更加丰富和生动。同时，他们还不断使用量规进行自我对照和反思修改，确保手册的质量和趣味性。

最终，当研学手册完成时，它已经变成了一本充满惊喜和趣味的"探险小说"。学生们迫不及待地想要开始他们的研学之旅，亲自去解开手册中的谜题和线索。

这次制作研学手册的经历让学生们深刻体会到团队合作的力量和创新的乐趣。他们相信，在未来的日子里，这本手册将成为他们最珍贵的回忆之一。

5. 行动反思：如何修订我们的研学手册？

子任务 1：研学体验。

学生与导师一起完成故宫一日研学。研学的具体安排因班而异，每个小组都会根据自己的研学手册提前与导游沟通自己的研学内容和预定路线。

子任务2：形成修改建议。

学生在研学后，根据收获进行组内反思：怎样使现有的研学手册更好地帮助我们理解故宫所代表的传统文化？学生参考学生手册的评价标准进行自主修订。

过程剪影

此次研学之旅，不同于往日的走马观花，而是一次与导游同行，深入挖掘故宫历史文化内涵的人文之旅。在研学开始前，我们与导游进行了深入的沟通，明确了我们的研究方向和预定的研学路线。导游结合我们的诉求和故宫的实际情况，为我们精心设计了研学方案。随着导游的专业讲解，我们仿佛穿越时空，深入了解了故宫的建筑布局、装饰艺术和历史背景，感受到了传统文化的独特魅力。在导游的引导下，我们还参观了故宫的珍宝馆，欣赏了那些璀璨夺目的文物，加深了我们对传统文化的热爱。

研学过程中，大家不仅认真倾听导游的讲解，还积极参与互动和讨论。学生、导师与导游一起探讨故宫的文化价值，分享自己的感受和见解。这种互动式的学习方式，让学生更加深入地理解了故宫所代表的传统文化，也激发了他们对传统文化的热爱。研学结束后，大家并没有急于离开，而是在导师的带领下进行了组内反思。我们共同思考了这样一个问题：怎样使现有的研学手册更好地帮助我们理解故宫文化？在反思中学生们发现，现有的手册中虽然提供了丰富的信息，但在某些方面仍有不足。于是，他们决定根据研学的收获和反思，对手册提出修改。

经过讨论和交流，大家形成了一些具体的修改意见，比如在手册中增加更多关于故宫历史背景和文化内涵的解读，以及更多与传统文化相关的互动环节和实践活动。这样可以使手册更加生动有趣，

● 更能激发研学者对传统文化的探究欲望。这次故宫研学之旅不仅让学生深入了解了故宫的传统文化，更让他们学会了如何反思和改进自己的学习。我相信，在未来的日子里，他们会带着这份收获和成长，继续探索更多传统文化的瑰宝。

GRASPS 评估设计

项目名称：故宫少年行

适用年级：五年级

表 3-25 "故宫少年行" GRASPS 模型

目标（Goal）	感受世界文化遗产的魅力，在实践中培养批判性思维和分析问题的能力。
角色（Role）	故宫研学手册设计师。
受众（Audience）	参加故宫研学的其他同龄人。
情境（Situation）	北京是一座历史文化名城，其境内最能代表其历史地位且承载丰厚文化历史内涵的建筑群便是北京故宫。学生将以故宫的空间线索为基础，寻找一条适合自己的研学线索，并以此将故宫的历史功用、文化内涵、建筑特色等内容串联起来，设计一份适合同龄人使用的故宫研学手册。
产品或表现（Product/Performance）	故宫研学手册。
标准（Standards）	本项目将从研学手册的设计探究过程、沙盘模型制作、成果展示汇报情况等方面进行评价。

《故宫十二时辰》首创团队：祁梦婕、王朝霞、韩森、张鑫

项目设计成员：郭晓蓉、贾嫚、李梦义、蒲乐洋、孙冰、张丽娟

案例2 节能产品：我是"低碳"探索者

一、学习任务介绍

（一）任务背景

在当今社会，环保问题已经成为全球关注的焦点，能源的节约和循环利用是实现可持续发展的关键。本项目旨在通过实地探索和自主探究，激发学生对环保科技的兴趣，提升其环保意识和实践能力。通过本项目学习，学生将针对家庭、学校、社区中存在的环保问题，制定出切实可行的节能、循环方案，以实际行动促进能源的节约和环境的保护。

在项目式学习过程中，学生探访了"零碳园区"——金风科技智慧园①、"冰丝带"——冬奥速滑馆，不仅近距离感受到低碳技术的魅力，更能深入了解我国在低碳技术和可持续发展方面的最新成就。学生通过搜寻低碳技术在生活中的实际应用，结合一定的环保技术知识，将这些环保理念和技术迁移到学校、社区和家庭中，实现环保知识和实践的有效结合。

该项目以家庭生活、社区和校园中的实际环保问题为研究对象，以自

---

① 金风科技智慧园是一个以能源场景为核心，汇聚、整合园区运营体系、园区集控中心、园区智慧门户、应用等技术模块，面向各行业园区提供能源、办公、生活、文化、管理、健康等多类型服务的智慧型碳中和园区。

主探究为主要学习方式，引导学生思考并尝试解决这些环境问题。此外，项目还融合了六年级上册语文第六单元学习目标——"学写倡议书"，综合应用小学科学、语文、数学、信息技术、美术等学科知识，让学生体验科技创造的过程。整个项目共计 15 课时，专为六年级学生设计，通过跨学科的学习和实践，不仅帮助学生深化对科学知识的理解和应用，也促进了他们对环境保护的深刻认识和积极参与，为他们未来成为有责任感的社会公民打下坚实的基础。

（二）学习目标

在本项目中，学生要作为"低碳"探索者向受众（学校学生、社区居民、家庭成员）发出环保倡议，并提出能有效改善区域性能源浪费现状的建议或措施。为实现这一预期目标，学生首先要了解存在于自己生活中的能源浪费问题和真实现状；再基于现实问题和限制条件，提出解决思路和方案。想要提出受众愿意践行的节能与循环理念，就要以清晰的逻辑推理和可靠的信息来源支撑自己的论点，并以真实的统计数据作为辅助参考。最后，还要通过评估反馈检验我们提出的倡议行动是否切实有效。

本次项目的核心观点是：通过有效的能量转化和循环利用，实现能源节约和环境保护，为低碳生活方式提供关键支持。在核心观点之下，需要我们特别关注的核心概念是：因果和道德。学生将通过本项目学习如何设计调查和实验、分析统计图、探究零碳和低碳技术应用，将自己的探究所得有效表达出来，并在此基础上从多个角度探索和理解能源与环境之间的关系，全面提升环保意识和能力、创新思维和实践能力，成为能够为实现可持续发展的社会贡献力量的未来公民。

表 3 – 26 　 "我是'低碳'探索者"项目学习目标

核心观点	通过有效的能量转化和循环利用，实现能源节约和环境保护，为低碳生活方式提供关键支持。	
超学科概念	因果	道德
探究线索	1. 如何通过制作和分析统计图来展示能源消耗和节约的实际效果？ 2. 通过哪些日常活动，可以体验到能量转化的过程，并如何利用这一过程实现能源节约？ 3. 如何通过创新使用清洁能源和循环利用物资来减少环境污染，促进社会可持续发展？	怎样说服他人节约能源和保护环境，并清晰、有力地表达出自己的观点？
学习目标	1. 能根据实际问题设计简单的调查表，能选择适当的方法（如调查、实验、测量）收集数据和信息。 2. 能通过对比分析，选择合适的统计图（条形、折线、扇形统计图）直观且有效地表示数据，能根据结果作出判断和预测，并向同伴解释、与同伴交流。 3. 能归纳提取零碳、低碳园区和场馆（如金风科技智慧园、冬奥速滑馆等）中应用的能量转化知识，提出合理的研究假设，利用控制变量的方法设计实验方案，再基于实验数据分析，论证能量转化方案的可行性。 4. 能够围绕主题，选择、组织和分析已知信息（文本、数据、实验），归纳提取自己的观点，并清晰有力地表达出来。	

（三）学习评估

在本次项目式学习过程中，学生将担任"低碳"探索者的角色，向本校师生、家庭成员、社区居民发起环保倡议，宣传节能低碳的生活方式和发展理念。本项目的学习评估侧重学生在实践活动中的具体表现和成果展示，主要包括节能循环装置或方案的实用性和创新性，倡议书的号召力和适切性以及宣讲会的策划和执行效果。评价方式多样，包括学生自评、生生互评、教师评价以及专家点评，确保评估的全面性和客观性。通过这样的评估体系，学生能够在项目实践中收获具体的知识和技能，同时在反思和交流中进一步深化对环保理念的理解和认同，真正实现从口号到行动的转变。以下是在本次探究过程中的主要产品或表现及相应的成功标准。

表 3-27　"我是'低碳'探索者"项目评价表

主要产品/表现	成功标准	评价方式	评价主体
节能与循环装置或方案	1. 体现节能循环的理念。 2. 可行性强，在日常校园生活中易于操作。 3. 实用性强，成本可控。 4. 产品或方案具有创意。	产品外观展示和操作演示 方案介绍宣讲	专家点评 生生互评
倡议书	1. 格式规范，包含必要的元素。 2. 内容恰切，倡议具体、清晰。 3. 语言文字具有较强号召力。	在级部内进行倡议书评比	学生自评 教师评价 生生互评
环保宣讲会	1. 研究问题源自真实环境问题，理解深入。 2. 语言表达清晰，逻辑性强，具有亲和力。 3. 展示形式多样，呈现内容丰富。 4. 方案设计中有创新点。	社区活动现场宣讲	学生自评 生生互评 教师评价 观众反馈

二、学习任务的设计与实施

在"我是'低碳'探索者"这一项目式学习的过程中，学生从多学科角度出发，探索如何在日常生活中实践环保理念。该项目的起点是学生通过对当前生活中环境问题的深入了解、文本阅读引发思考，提出驱动问题："如何发起倡议能改变人们的行为，真正践行环保理念?"语文、科学学科的学习是这一过程的学习重点。探索发现阶段，学生通过实地访问金风科技智慧园区等零碳园，直观体验节能技术的前沿应用，了解如何在低碳园区实践节能和循环技术。深入探究阶段，学生将深入调研学校、社区和家庭的能源使用情况，并组建小组，选定研究方向，制订研究计划书。建构理解阶段，学生在团队讨论的基础上，把探究重点聚焦于节能技术的推广和应用，提出具体、可行的解决方案。本次项目的高潮是环保宣讲会，学生将在会上向校内外与会人员展示自己在环境问题方面的发现和解决方案，共同探讨"如何在生活中推广节能意识和行动"。下面以探究导图的形式呈现整体探究思路。

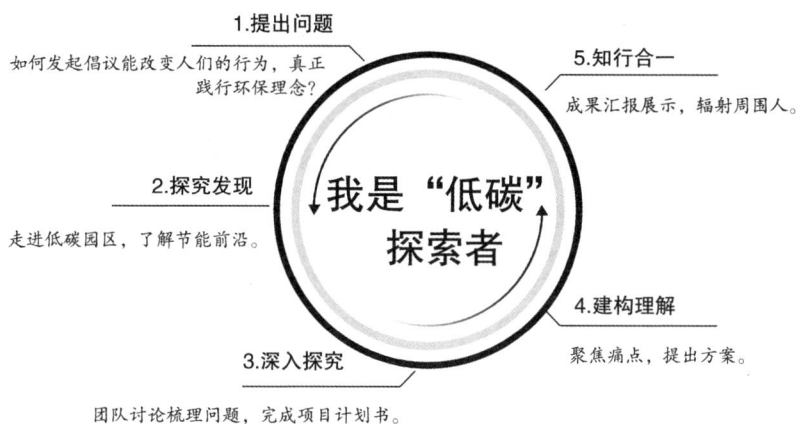

图3-47 "我是'低碳'探索者"学习任务探究导图

根据上述步骤，具体探究路径安排如下。

1. 提出问题：如何发起倡议能改变人们的行为，真正践行环保理念？

教师结合小学语文教材六年级上册第六单元的人文主题"保护环境"的阅读训练要素"抓住关键句，把握文章的主要观点"，表达训练要素"学写倡议书"，提出探究问题，为该项目的入项准备设计阅读手册，为学生补充了与节能环保相关的文本资料和探究问题，让学生感受人与自然相互依存的关系逻辑，从而激发他们爱护环境、珍爱地球的人文情感。

本项目特别强调让学生理解能量转化和新能源利用的概念，旨在使其从科学的角度理解节能技术的原理和实际应用。通过一系列精心设计的教学活动，学生不仅掌握了能量转化的基本规律，如光能、动能、电能之间的转化，还了解了新能源技术在日常生活中的应用，比如太阳能板、风力发电等。此过程不仅加深了学生对科学概念的理解，也培养了他们的实践能力和创新思维。通过将学科知识与实际问题相结合，学生学会了如何利用科学方法解决环保问题，这种从知识到行动的迁移为他们的日后发展奠定了坚实的基础。

2. 探究发现：走进低碳园区，了解节能前沿。

在开启清洁能源企业研学之旅前，学生需要先做一个家庭小调查，了解自己家中耗电最多的电器是什么，并计算这个电器一个月的能耗是多少，再乘以班级人数，了解电器能耗的大体数值。有了真实的生活体验后，学生可利用 KWL 表格进行头脑风暴，将自己想了解的节能知识梳理出来。

表 3－28　家用电器小调查 KWL 表

已知的知识（K）	想知道的知识（W）	学到的知识（L）
我们身边有哪些能量形式，这些能量让物体发生了怎样的变化。	1. 旋转的大风车是干什么用的？ 2. 风力发电机能产生多少电力？ 3. 风力发电机为什么只有三个叶片？ 4. 没有风，风力发电机还能工作吗？ 5. 相比于其他发电机，风力发电机有什么优势？ 7. 金风科技智慧园是如何实现"碳中和"的？	金风科技智慧园中清洁能源技术研发情况，提高能源利用效率和推动循环经济的高效能生产方式等。

在金风科技智慧园，学生看到了3D打印的金风风机模型和编程控制平台；专业的工程师带领学生通过教学指导、小组作业、动画模型设计、风机模型组装等活动探索风力发电的奥秘；在应用数字化、智能化和VR技术的展厅中，学生了解了中国风能发展史和未来的发展趋势；在数字化影厅中通过欣赏影片了解金风科技……

通过本次研学，学生体会到了能源变革的重要意义，树立了投身于构建"可持续、更美好"未来的理想。

3. 深入探究：团队讨论梳理问题，完成项目计划书。

学生以节能和循环这两种环保理念进行分组，通过对身边的能源问题进行调查研究，聚焦问题、抓住重点、提出解决方案或着手研发产品，并通过多种方式宣传节能环保的生活理念。

子任务1：调查统计，了解现状。

我们学习、生活的校园、家庭、社区在能源使用方面存在哪些问题？学生带着自己的问题，借助学生手册中提供的工具，了解自己身边的能源利用与循环使用情况。

子任务2：小组行动，导师辅助。

师生根据调查情况梳理生活中常见的能源使用问题，确定不同能源问题解决小组。各小组根据成员人数进行工作分工，在教师指导下，完成项目计划书。

4. 建构理解：聚焦痛点，提出方案。

学生在调查研究的基础上，对自己身边的环境问题有了一定的了解，并对这些问题提出自己的看法。在调查、实验的过程中，学生灵活运用数学知识统计并分析数据，运用科学思维开展能源节约和循环实验，并以数据分析和实验结果梳理小组结论，设计在现实生活中切实可行的环境保护方案或节能产品，尽可能节约能源，实现能源的循环利用。环保方案和产品完成后，各小组组员分工合作，为自己的探究成果撰写倡议书、设计宣传海报、拍摄宣传视频等，并通过多种新媒体平台推送给目标人群，使自己的成果在生活中落地实践。通过一周的宣传推广，部分项目成果受到了全校师生、社区居民的一致好评，学生也在此过程中对能源问题有了更为深入的认识和思考。

探究成果展示

节能1组：

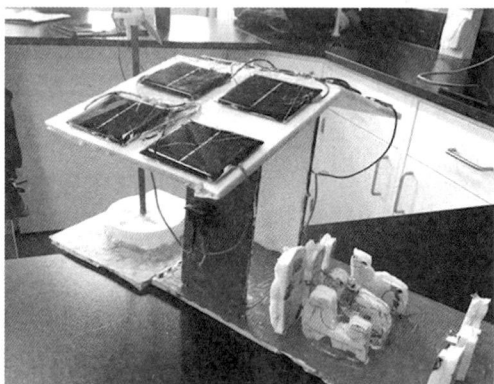

图3-48　节能1组的成果及展示

我们的许多火力发电厂是通过燃烧那些在地底下埋藏了千年的宝藏——煤炭来生产电能的，这不仅消耗了大量煤炭资源，还会造成空气污染。在本次项目式学习的过程中，我们提出了"多功能充电棚"的设计方案，充分利用可再生资源——太阳能和风能进行发电，为全球减少碳排放、实现可持续发展贡献自己的一份力量。

——六年级（8）班戴嘉奕

节能 2 组：

这次项目式学习让孩子们通过数据的力量深刻感受到了水与电的珍贵，将"节约水电，关'住'点滴"内化为自己的日常习惯。在项目研究的过程中，他们关注生活实际，积极发现，认真研究产品，体

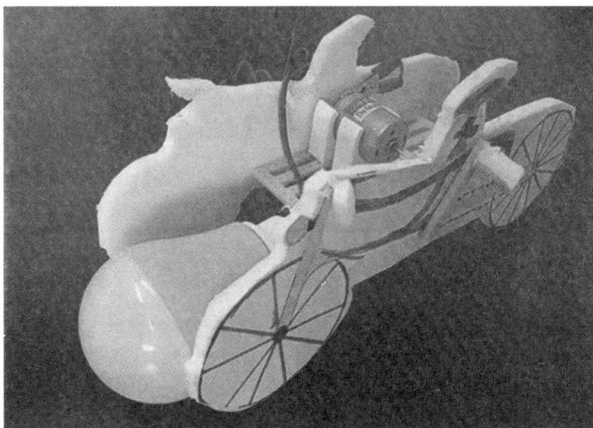

图 3 - 49　节能 2 组的成果

会到了科学的重要性。从这次项目的分工到讨论研究，从设计产品到实践验证，老师们都十分信任学生。信任的力量如此强大，我们组的每个孩子都很给力！

——陈加会老师

节能 3 组：

我们小组在制作节能模型的过程中遇到了好多困难，比如塑料桶和塑料箱很难打洞。我们先是用胶枪抵在箱子要打洞的地方，试图把它融化，但试了几次都没成功。后来，我干脆拿着剪刀，狠狠地向箱子戳去，十下、二十下、三十下……不知戳了多少次，我终于打出了一个洞，这时我才发现自己的手已经被剪刀磨得通红，火辣辣地疼。

做实验的时候，我们没有污水，就把泥土掺进水里制成污水。刚开始，污水处理的

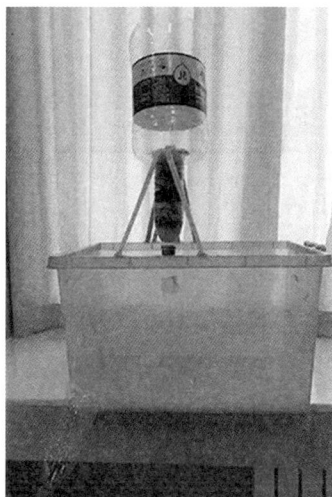

图 3 - 50　节能 3 组的成果

过程相当顺利，我们还用视频记录了这一过程。而在我们快要向评委展示的时候，污水处理器竟然堵住了！大家心急如焚，费了好大劲才把它拆开。经过清洗、重装，我们发现了这一装置的缺点，并准备继续完善我们的污水处理装置。

——六年级（7）班张淇然

节能4组：

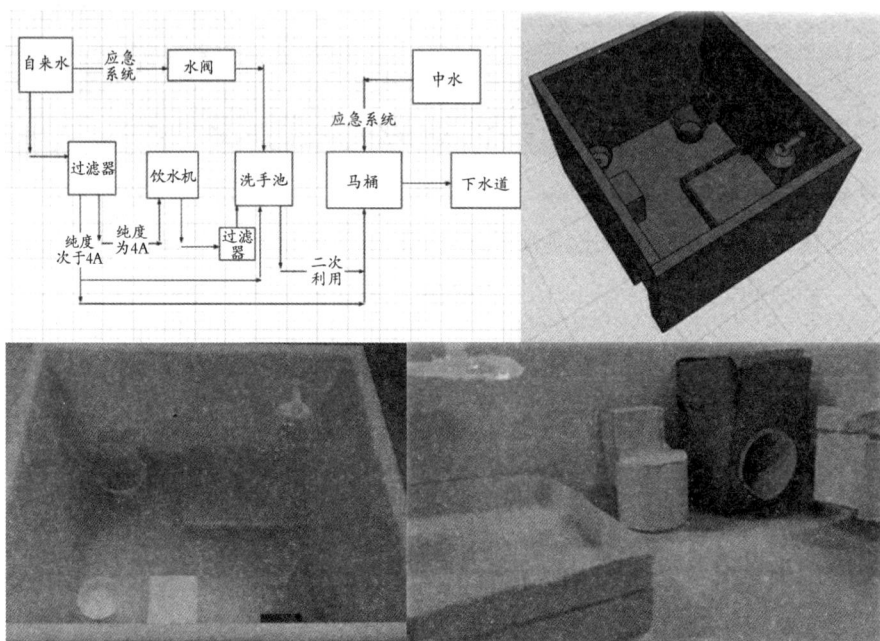

图3-51　节能4组的成果

如何将污染程度不太高的水资源再重新利用起来，以达到一水多用的目的呢？我们通过设计水管分流过滤器等，实现了水资源的重复利用。但由于生活中常见的供水系统有一定复杂性，所以我们设计了很多版本，进行了多次修改，终于形成了一份满意的设计图，并利用3D打印技术把它变成了实物。

——六（3）韩敬轩

循环 1 组：

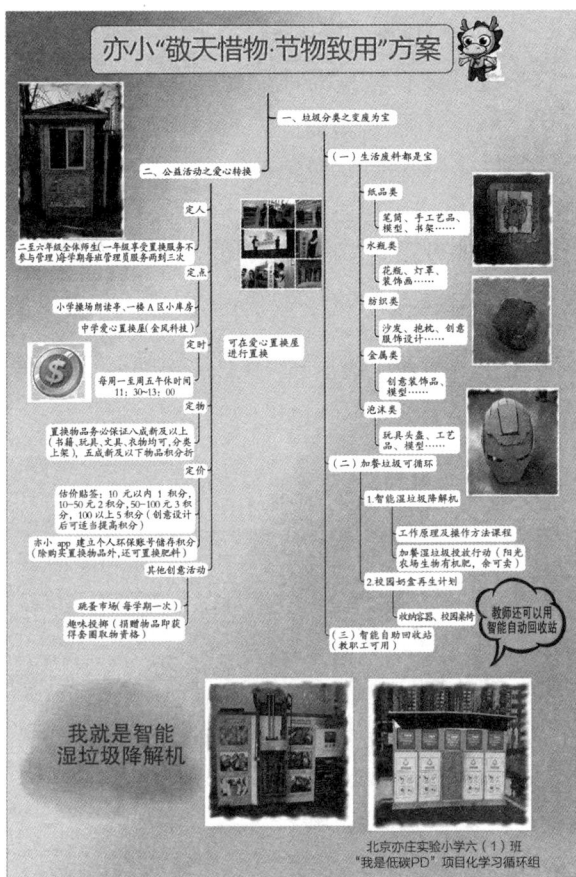

图 3 - 52　循环 1 组的活动方案

　　六年级（1）班的循环 1 组设计了一份主题为"敬天惜物　节物致用"的校园活动方案，通过爱心积分兑换、加餐垃圾分类循环，在校园内形成环保行动的闭环。他们还计划将加餐湿垃圾就地转化为校内阳光农场的有机肥，将校内每天 2000 个加餐奶盒收集起来后，经过特殊的压缩工艺制作学校需要的桌椅及多种用具，这样一套完整的活动链条保证了这一方案的可行性。

　　项目式学习产品完成后，有学生认真地问我："老师，您说咱们的节物致用方案真能在校园里实现吗？"我说："你们的方案现在已经初步形成了闭环，想要实现它其实并不难，相信通过我们的共同努力，这个循环方案一定能率先在咱们学校试点，并逐渐推广到各个学校的！"

——马蓉老师

循环 2 组：

针对同学们用过的旧教材，六年级（7）班循环组的成员设计了"旧书租借平台"活动方案，号召六年级毕业班的学生，将家里的旧教材或语文教材中"快乐读书吧"推荐阅读的一些图书，捐献给学校的旧书租借平台，为母校的环保事业出一份力。

图 3-53 循环 2 组"旧书租借平台"设计

循环 3 组：

经过调查，旧衣物是每个家庭中闲置较多又很占空间的物品。六年级（12）班循环 3 组的同学针对这个问题，呼吁大家参与到他们策划的"旧衣换新颜"中来！让家中的旧衣服焕发新的生机。

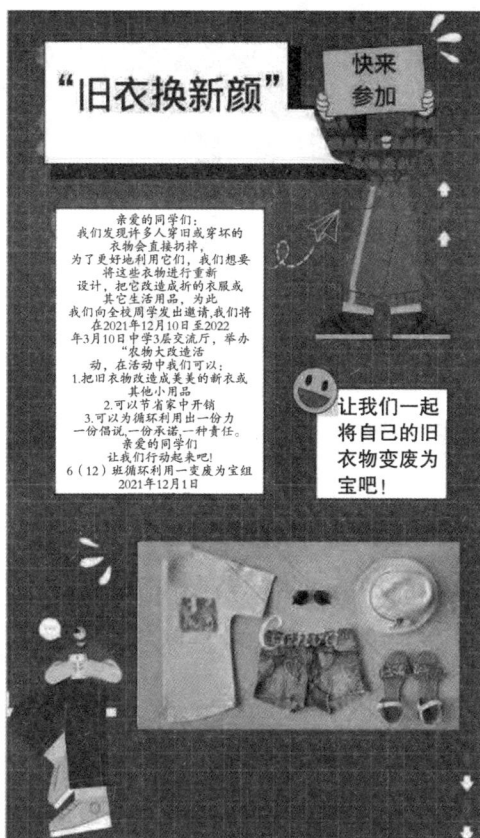

图 3 – 54　循环 3 组 "旧衣换新颜" 设计

循环 4 组：

六年级（3）班的循环 4 组设计了一款旧物循环应用程序——绿色生活圈，使用者从中可以看到 "旧物焕新" 教程、每日论坛，还能把绿色出行的步数兑换成 "环保币"，并以此在内部商城中兑换其他用户 "公益捐"的二手物品。

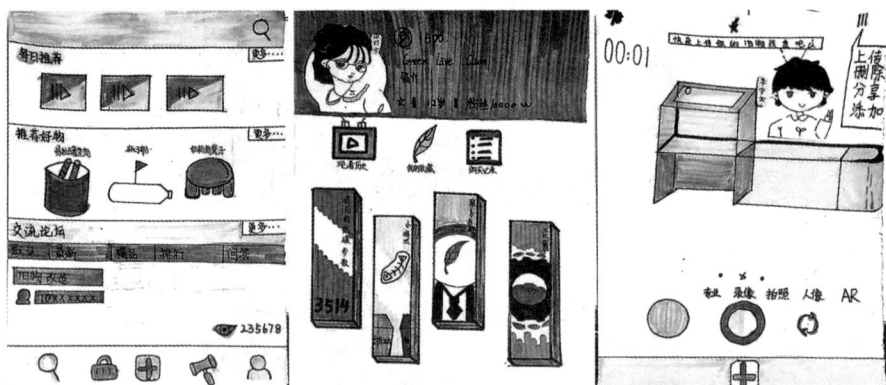

图 3 – 55　循环 4 组 "绿色生活圈" 应用程序设计

5. 知行合一：成果汇报展示，辐射周围人。

在本次项目式学习的最后，六年级师生共同举办了项目成果汇报展，邀请金风科技的工程师、智慧城市和能源公司的管理者、学生家长代表等担任评委，根据评价量规对各班产品方案进行评价。长达两个多小时的项目汇报，让他们赞叹不已，有的评委说："这样的项目太好了，应该多带孩子们做！"金风科技的工程师说："我们要把孩子们的创意和模型带到公司去，到企业开放日时宣传展示给其他参观者。"

为了使更多人加入低碳生活中来，各小组纷纷利用各种新媒体平台宣传自己的环保方案，并鼓励家长转发到社区交流群。学生的方案是否会对居民的日常生活方式产生影响？学生通过问卷进行了调查。

过程剪影

　　项目结束后，学校将中标方案在校内落地。此外，孩子们设计的多个节能产品经过和金风科技的工程师一起深入探究、不断完善，最终成功参加了"北京市科技创新竞赛"，共有 8 项成果在竞赛中取得了优异的成绩。本次项目式学习引入的校企合作模式，是一次成功的学生拓展探究平台的尝试，不仅激发了他们关注、学习低碳环保科学知识的积极性，更对他们未来的专业选择起到了一定的影响。

GRASPS 评估设计

项目名称：我是"低碳"探索者

适用年级：六年级

表3-29 "我是'低碳'探索者"GRASPS模型

目标（Goal）	针对家庭、学校、社区中存在的环保问题，制定出切实可行的节能、循环方案，以实际行动促进能源的节约和环境的保护。
角色（Role）	"低碳"探索者。
受众（Audience）	学校、家庭成员，社区居民。
情境（Situation）	面对当前较为严峻的能源紧张和环境污染等社会现实，作为"低碳"探索者，通过走访社区、考察低碳产业园区，梳理目前人们生活中较为集中的能源和环境问题，并研发和设计有助于解决这些问题的节能循环设施和方案。
产品或表现（Product/Performance）	节能与循环的装置或方案、节能环保倡议书、环保宣传活动。
标准（Standards）	节能与循环的装置或方案切实可行，具有一定效果，能体现节能减排的理念，有独特的创新性。在宣传活动中能够有理有据地说明自己的节能环保理念，在与受众的实际沟通中，做到语言表达清晰、逻辑性强，具有亲和力。

项目设计成员：祁梦婕、代金凤、张鑫、刘瑞青、陈亭秀、王志杰、王朝霞、韩森

案例 3　预测产品：未来教室设计师

一、学习任务介绍

（一）任务背景

社会发展日新月异，信息爆炸式增长，"不确定"成为最确定的热门词语之一，现在的学生是网络世界的原住民，接受新事物的能力远超我们的想象，但如何迎接不确定带来的挑战，老师们也在以课程的方式给孩子们装上迎战未来的铠甲。创新、协作、观察生活、增加知识储备……真实情境中的项目式学习，是我们引导孩子面对未来挑战的秘密武器。当天马行空的语言要素与严谨的科学精神相遇，当校园大改造与科技馆游学相遇，我们希冀的素养发展与"未来教室设计师"项目完美融合——真实情境下的预测类项目式学习便诞生了！

项目以学校将进行二期加建为真实问题情境，鼓励学生调研现状、思索主体需求，发挥想象力来设计预期的未来教室。学生通过对现实需求的分析和对生活的体验以及参观科技馆的所得，体验创造的过程。该项目共计35课时，在三年级实施，涉及语文、数学、科学、道德与法治、美术等学科。三年级学生面对学校即将进行二期加建的真实处境，为了达成创造性地改善教室现状的目标，运用自己学到的知识和丰富的想象力，通过扮演教室设计师的角色，面向二期加建的负责老师和相关同学，像建筑工程师那样研究建筑与人的关系，创建一个可行的未来教室设计方案，并与他人分享研究成果。

（二）学习目标

本项目旨在激发学生对未来教室的想象力，基于对现实的认知和对美好生活的向往，探索未来学习方式的可能性。通过对教室形态的变化、功能和作用的探究，学生将了解教室对学习方式的影响，并基于此，设计自己心目中的未来教室。

项目的核心观点是：对未来的想象基于对现实的认知和对美好生活的向往。我们特别关注的核心概念是：形式、变化以及思辨。从形式的角度，在探究中，我们既要重新认识教室现有的样子，又要了解师生对新教室的需求；既要展望教室未来的样子，又要调查了解教室从古至今的样子，思考教室硬件的设置如何满足不同的学习方式，由此达成本次学习的超学科目标——测量和空间想象。从变化的角度，在探究的深入环节，我们引导学生关注教室形式的变化，以及推动这种变化的原因。从思辨的角度，在探究的最终阶段，我们还将进一步审视我们的教室设计方案：教室配备的科技设施越多越好吗？

表 3 – 30 "未来教室设计师" 项目学习目标

核心观点	对未来的想象基于对现实的认知和对美好生活的向往。		
概念	形式	变化	思辨
探究线索	1. 从古至今教室形式的演变分别满足了怎样的学习方式？ 2. 未来的学习方式是怎样的？未来的教室应该是什么样子？	1. 教室的形式经历了怎样的变化？ 2. 推动教室变化的原因是什么？	教室配备的科技设施越多越好吗？

学习目标	1. 能够根据生活实际以及对美好事物的向往展开想象；能够初步整合信息，从几个方面介绍对未来教室的想象，让别人理解自己心目中的未来教室是什么样的。 2. 能够使用简单的仪器测量教室的各项数据，并计算所设计区域的周长或面积，依据数据对未来教室的功能分区提出准确的设计方案。 3. 能通过绘画、模型制作等方式，表达自己对未来教室的想象；设计不仅实用，还能给人带来美的享受。

（三）学习评估

在此任务中，学生将担任学校二期加建方案设计师的角色，受众是全校师生，他们将面临现有条件不能满足师生需求且二期加建要考虑现实技术能否支持的挑战。在探究过程中创造的产品是未来教室设计方案，以下是产品的评价标准。

表 3 – 31　"未来教室设计师"项目评价表

主要产品/表现	评价标准	评价方式	评价主体
未来教室设计方案	1. 能够通过对比法、观察法筛选出有用的信息。 2. 可以用数学语言（文字、图形等）来整理和表达信息。 3. 制作研究报告/项目日程表，有助于完成展示汇报的任务。	班级、级部、学校三级答辩	生生互评 师生共评 专家点评
设计方案演讲展示	1. 能够将从阅读材料和通过参观过程中获得的信息融入自己的沟通和表达中。 2. 口头表达顺畅、流利、有条理，能够说清楚自己的观点和思考。	班级、级部、学校三级答辩	生生互评 师生共评 专家点评

主要产品/表现	评价标准	评价方式	评价主体
团队合作和 有效沟通	1. 能够理解团队共同的目标和方向。 2. 促进团队成员按照计划表完成相关事项。 3. 与团队成员共同开展反思复盘活动，并形成改进措施。	小组内评价 班级内评价	生生互评 师生共评

二、学习任务的设计与实施

"未来教室设计师"项目需要经历问题提出、自主发现、深入探究、完成方案、行动反思 5 个探究过程。下面以探究导图的形式呈现整体探究思路 3 – 59。

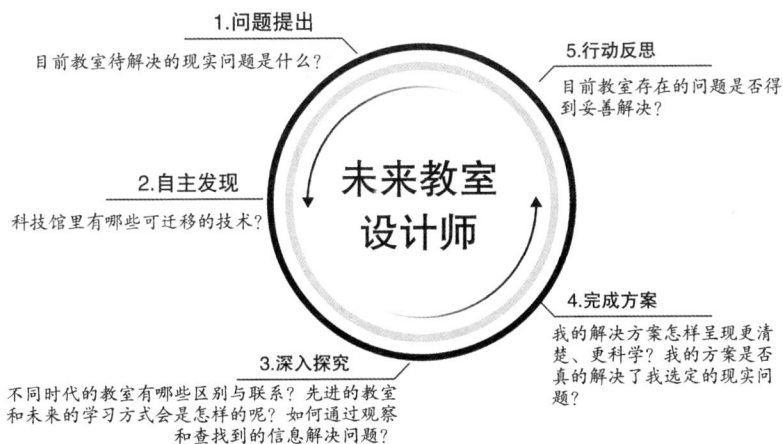

图 3 – 56　"未来教室设计师"学习任务探究导图

学习任务"未来教室设计师"的探究导图包括 5 个核心步骤，下面做具体说明。

1. 问题提出：目前教室待解决的现实问题是什么？

子任务 1：了解项目信息，发布探究任务。

项目组老师介绍项目背景、核心任务，以及探究过程。老师讲述二期加建项目如何开展，以及学校的各个空间将被如何改造。学生提出问题，形成初步构想，明确自己的任务——形成未来教室设计方案，具体包括：未来教室的概况、创新之处、总结，并以恰当的方式展示讲解方案。

子任务 2：明确探究任务，定义未来教室。

教师提出引导问题，包括未来教室的使用时间、用户、各项硬件的主要用途等，激发学生对未来教室的思考。老师组织学生就"现在的教室有哪些不足？"和"理想的未来教室是什么样的？"展开头脑风暴。老师带领学生分组设计调查问卷，鼓励学生采访、调研学校里的学生和老师。

子任务 3：分析调查问卷，确定小组目标。

老师组织学生在组内和班内分析调查问卷数据。小组确定目标，制定项目日程表；小组间相互分享目标，并反思自己的目标是否恰当。

子任务 4：反思总结，为研学做准备。

教师组织学生在组内开展项目反思，思考自己在项目执行过程中的收获，并讲解接下来的科技馆研学活动。

> **过程剪影**
>
> 我们的"未来教室设计师"从集体大课拉开帷幕，少年们端坐在小剧场内，这对孩子们来说是个难得的学习机会。专业美术指导老师韩老师带着对孩子们的期待和鼓励，讲述了二期加建项目的设计历程和创意相关的趣事；温老师讲述了廊道、休闲厅等灰空间的设计概念，欢迎孩子们"承包"新教室连同周围灰空间的设计，把

自己对学习方式的理解体现在其中；王老师作为信息技术领域的专业人士，为孩子们展示了许多炫酷的高新技术产品。项目组老师不但现场征集了许多好玩的想法和新奇的设计，更为少年们拉开了本周项目安排的序幕，公布了令人期待的探究环节。这种集体大课的方式是孩子们学习的有益方式，将探究任务前置也有效激发了学生的探究热情。

2. 自主发现：科技馆里有哪些可迁移的技术？

子任务1：科技馆中的科技探索。

辅导员带着孩子们做游戏，挑战以比赛的形式认识科技馆中的四大板块——技术探索、科学技术、生活中的科技、科技的创新。近代以来在基础科学领域的探索与发现成果体现了人类探索科学的历程，展示了科技创新的贡献，展示了人类对未来生活的畅想。多种多样的展现形式和互动手段让学生在参观体验的过程中领略到科技的力量，享受探索与发现的乐趣。

子任务2：带着问题去探究，学习用科学技术解决教室设计方案。

每班同学分五组，学生带着自己小组选择的课题，在老师和家长志愿者以及辅导员的带领下，深度研究对应的展品，自由活动，为后续的设计做准备。

【资料清单】
设计方案说明、评价量规（每个小组一份纸质版）。

研学目标有三：一是"科技主展真奇妙，身边科技围着绕"，学习古代人是如何进行科技创新的；二是通过对真实展品的观察、学习和操作体验，寻找生活中神奇的事物；三是通过古代、现代、未来展品的学习，放飞自己的思维，创想未来理想的教室。各个小组明确了自己的项目目标。我们的第一次输入是从科技馆里探索科技发现，将科技馆展品的原理或技术迁移到教室里，打造出许多创意设施。二层的"探索与发现"展厅、三层的"科技与生活"展厅、四层的"挑战与未来"展厅中，我们划定了基本的探索范围，孩子们在其中有很多新奇的发现和可以迁移到现实教室的创意。本次科技馆研学探索，与本次探究目标密切贴合，我们给孩子们留了充分的探索时间和空间。

3. 深入探究：不同时代的教室有哪些区别与联系？ 先进的教室和未来的学习方式会是怎样的呢？ 如何通过观察和查找到的信息解决问题？

子任务1：阅读材料，确定教室功能分区。

学生首先阅读三个不同时代的教室资料，进行初步归纳分析。然后，学生将阅读先进教室案例及未来学习方式文章，包括图文资料、视频资料等，在此基础上完成学习单，并与组内同学展开讨论。教师提供不同时代教室的视频和图片资源，引导学生归纳异同。

学习单

姓名：_____　　　　　小组名称：_____

一、请以小组为单位，认真阅读不同时代教室的资料，完成下列学习任务。

学习任务1：阅读完文字资料后，请按照时间先后顺序，给下列教室图片排一下序，将序号填在图片下的括号里。

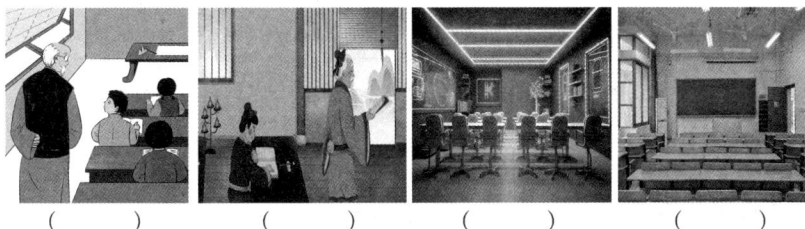

（　　　　）　　　　（　　　　）　　　　（　　　　）　　　　（　　　　）

学习任务2：阅读相关资料并观看视频资料，对比爷爷奶奶、爸爸妈妈和我们三个不同时代的教室，完成下面的表格。

	爷爷奶奶 时代的教室	爸爸妈妈 时代的教室	我们现在的 教室
特点			
相同点			
不同点			

二、以小组为单位，认真阅读未来教室的相关资料，完成下列学习任务。

学习任务1：在了解了未来的学习方式后，你对哪一种学习方式最感兴趣？说出你的理由。

_____

_____

_____

_____

　　学习任务2：阅读未来教室资料以及观看未来教室视频后，想必你对未来的教室有很多自己的想法吧！请你和小组成员分享一下自己的畅想，并用文字或图画的形式记录下来吧！

```



```

　　子任务2：思考创新点，绘制思维导图。

　　学生完成资料搜集工作，课上展示并交流，开展小组内头脑风暴活动，并根据老师平日的教学，完成思维导图绘制。学生小组内完成，导师进行组内指导。教师提供学习资源，介绍从古至今中国教室的演变和教室变迁，引导学生思考创意点。学生回顾所学和科技馆记录的信息，确定本组方案的创意点，绘制成思维导图。

未来教室设计方案思维导图

请选择一种思维导图样式，将团队设计的教室方案绘制成思维导图。

（此处为空白框，供绘制思维导图）

子任务3："世界咖啡"分享交流活动。

"世界咖啡"是一种有效的集体对话方式。它通过营造好友们聚在一起喝咖啡聊天的情境和氛围，让背景各异、观念不一甚至素不相识的人围坐在一起，进行轻松的交流和畅谈，让深藏的思想碰撞出火花，形成集体的智慧。本项目中的"世界咖啡"活动，即年级内以楼层为单位，学生在4~5个班级间进行分享和交流，导师也要参与讨论并记录学生观点。

教师组织学生班级内讲解思维导图，指导学生改进表达方式。学生在小组内再次讨论思维导图的内容和表达方式，教师讲解"世界咖啡"分享交流活动的参与规则，并提前发放材料。

我们如何进行一次有意义的"世界咖啡"交流活动？

1. 展示思维导图并进行讲解；

2. 聆听并思考别人的意见；

3. 阅读并聆听别人的设计；

4. 用便利贴书写自己"最喜欢"和"可改进"的设计点；

5. 记录自己最喜欢的设计方案。

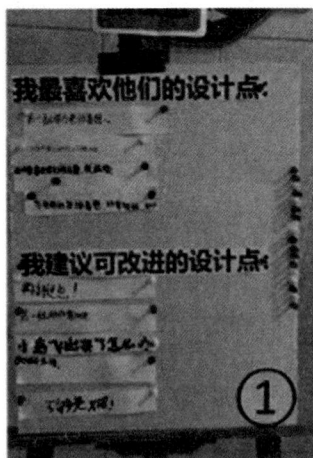

图 3 - 57　设计点便利贴

留在组内的学生负责讲解本组的思维导图，邀请来参观的学生提出宝贵意见，并在便利贴上写下留言。去参观的同学，发现其他小组的闪光点，并记录下来带回组内。

【资料清单】
①不同时代的教室和先进教室的图文资料；
②思维导图模板；
③"世界咖啡"学生记录单。

教师组织学生回顾收获，组内完善思维导图并复盘当日得失。

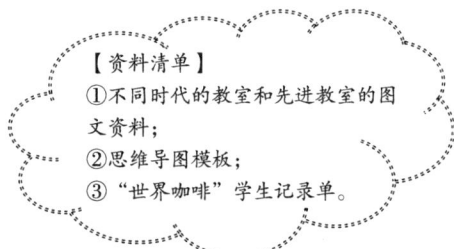

过程剪影

学生在老师的带领下，开始了好玩的"世界咖啡"跨班分享活动，既能听到许多宝贵的意见，也能学习其他人的想法。为学生从不同角度提供文字、图片和视频类的资料，帮助学生对设计方案进行进一步的结构化思维，并把前几次的信息输入进行整合思考。"世界咖啡"分享交流活动则为学生提供了即时、有趣且有效的交流方式，帮助学生在团队合作中收获交流的乐趣和思维的碰撞。

4. 完成方案：我的解决方案怎样呈现更清楚、更科学？ 我的方案是否真的解决了我选定的现实问题？

子任务 1：导师分板块授课。

数学老师讲解并给出范例，学生学习绘制平面图；语文老师讲解并给出范例，学生学习撰写和讲解方案；美术老师讲解并给出范例，提供图文并茂的展示范例，如科幻画、手绘图等。

子任务 2：完成方案创设。

分组进行创意设计，导师跟踪指导，学生小组内分工协作完成方案，导师进组内提供帮助。

过程剪影

现场回放

学生在多次信息输入和结构化思考的基础上，已经初步完成了方案。每一部分方案完成后，我们邀请不同学科组的导师给予相应指导，帮助学生把所学、所思、所创进行充分呈现，在呈现的过程中落实语文和数学等学科知识的运用。学生的思路愈加清晰，学生的导图更加细化，学生的创意更加迸发。

5. 行动反思：目前教室存在的现实问题是否得到妥善解决？

子任务 1：班级情景答辩——未来教室初体验。

班级内剩余小组观看 3 个其他班推选的优胜组演讲，由一名教师带领进行复盘，通过听别的小组的设计方案及思路，思考自己的设计有哪些不足之处，或自己听到的创新之处，并完成项目反思单。

子任务 2：年级展示挑战——未来教室海选营。

每组将自己的海报夹在画架之上，留 2 个人进行介绍，其余 3 人负责听取别组介绍并评价。评价者需手持评价单、笔、2 张评价贴纸，边听边进行评价，并记录该小组的创新之处，在完整听完 3 个小组的介绍之后，投出自己心中认为比较好的 2 个小组。

各班带队教师拥有 3 票投票权，可在现场任意听 5～7 组介绍，并谨慎投出自己手中的票。我们特别提醒学生注意：各小组不得采用送礼物、抽奖等方式拉票，严格按照评价单进行投票，严肃、认真地进行投票和评价。

子任务 3：年级终极挑战——未来教室我定义。

经由海选营选出来的 6 组优胜队伍可撤离现场，准备下午的精英答辩赛，剩余 22 组为观众进行讲解，并从中筛选出 8 组"未来教室创意奖"小组。各班摊位只留 3 位讲解员进行讲解（可与投票人员互换身份）。各班完成项目反思单后错峰到体育馆听取讲解，每位孩子有 2 票投票权，随机听取 3～4 个评价讲解并投票。未来智力快车抢答环节包含：科学知识、数理逻辑、沟通表达抢答题，未来教室设计方案展示环节和小组答辩环节。

GRASPS 评估设计

项目名称：未来教室设计师

适用年级：三年级

表 3 - 32 "未来教室设计师" GRASPS 模型

目标（Goal）	通过对新教室的设计，提升自己对学习方式的理解，提高解决问题的能力。
角色（Role）	设计师。
受众（Audience）	全校师生。
情境（Situation）	学校即将进行二期加建，创造性地改善师生教室现状。

产品或表现 （Product/Performance）	未来教室设计方案。
标准 （Standards）	1. 能够通过对比法、观察法筛选出对自己有用的信息。 2. 能够将从阅读材料和参观过程中获得的信息融入自己的沟通和表达中。 3. 能够用精准的语言（文字、图形等）来整理和表达信息。

项目设计成员： 蒲乐洋、陈诗涛、林琪琪、孙冬雪、唐春红、郭雪敏、王婷婷、李豪哲、崔雅娜、韩超、郭晓蓉、刘丽华、卢漫漫、彭晓灿、孙冰

第四部分　促进学生自主成长的系列项目

案例 1　如何以真实的学习任务激活
一年级学生的内驱力？

——以"我是小学生了"系列项目为例

一、学习任务介绍

（一）任务背景

儿童从幼儿园毕业进入小学，面临的不仅是环境的改变，还包括情感、认知和社交技能的多重适应。"我是小学生了"项目正是基于深入分析小学生的成长需求和儿童的认知特点，立足国家课程标准，旨在构建一个充满爱、自由和安全的学习环境。该项目通过精心设计的学习任务，如模拟小学校园的探秘活动、情感表达的创造性练习以及社交技能的合作项目，全面关注每一位孩子的个性化成长，助力他们顺利过渡并快乐地适应小学生活。

以"怎样在小学快乐地学习生活"为核心问题，项目紧扣幼小衔接阶段的痛点，如适应新环境、情绪管理和自我管理等，为孩子提供一系列真实且具体的学习任务。这些任务不仅帮助孩子走出成长中的困境，还在实践中点亮他们的多元智能，培养他们应对未来挑战的关键能力。项目的每一环节，都是对未来生活的一次小小预演，也是孩子们自我探索的旅程，让他们在参与中学会表达情感，在探索中建立自信，在合作中学会尊重差异。

"我是小学生了"不仅是一系列任务的集合，还是一个引导孩子超越自我的平台，一个激活小学生角色的舞台。它以真实的学习任务激发孩子的学习热情，让每一个孩子在这个过渡期都能找到属于自己的节奏，自信地步入小学，开启小学生活全新篇章。

（二）学习目标

一年级是幼儿园到小学的过渡关键期，不仅考验着孩子们的适应能力，还是挖掘和发展其多元智能的宝贵时机。"我是小学生了"项目精心设计系列活动，旨在帮助孩子们平稳过渡到新的学习环境，同时让他们在探索和学习中找到乐趣，获得成就感。

"我是小学生了"项目的核心观点是：适应新变化，是自我成长的重要标志。超学科概念为形式、变化和视角。通过对"形式"的深入探究，孩子学会在新环境中寻找并认识各类学习空间，增强空间认知，从而建立起对新校园的归属感。他们逐渐适应学校教室的布局和设施，这一过程不仅缓解了他们对学校的陌生感，也锻炼了观察力和记忆力。面对"变化"，孩子们逐渐理解并适应新学校的生活节奏，如长时间的课程时间和缺失的午休时间，这些变化推动孩子发展时间管理和自我调节的能力，使他们能够在不断变化的环境中保持情绪稳定和积极的学习动力。在"视角"的维度，孩子通过各种社交和情绪表达活动，学会理解和尊重他人的观点和感受，在人际交往中建立有效的沟通桥梁，在小团体中解决冲突、分享喜悦，从而获得合作和共情的力量。依循上述探究线索，将学习目标梳理如下。

表3-33 "我是小学生了"项目学习目标

核心观点	适应新变化，是自我成长的重要标志。		
概念	形式	变化	视角
探究线索	1. 小学的学校和教室看起来和幼儿园有什么不同呢？ 2. 当我们整理书包和文具的时候，哪种方式会让找东西变得更容易？	1. 我们怎样才能注意到自己心情的变化，或者是学习、做事的习惯有了哪些改变？ 2. 学校里一天中不同时间做的事情有什么变化，这些变化是怎样影响我们的？	1. 当我们和朋友一起玩或学习时，我们应如何理解他们的想法和感受？ 2. 如果我们站在老师或其他同学的角度思考问题，会有哪些不同的感受呢？
学习目标	1. 能发现学校里不同区域的特点，并和我的伙伴们进行分享。 2. 能尝试用不同方法整理学习用品，找到合适的整理和收纳方式。 3. 能学会观察自己每天的心情变化，并试着找出变化的原因。 4. 了解学校一天中不同时间都有些什么活动，学会根据时间的变化安排自己的学习和游戏。 5. 能聆听朋友的想法，试着站在他们的角度思考问题。 6. 能通过扮演不同的角色，来想象遇到事情时不同的人会有什么感受，学会理解和尊重别人的想法。		

通过以上路径，"我是小学生了"这一学习任务在学习目标引领下，进一步确定驱动问题，即一年级新生面对新环境、新人群，如何快速接纳自己的新身份，成为一名合格的小学生？怎样在小学愉快地学习、生活？学生在驱动问题的持续推动下，进行持续性探索。

（三）学习评估

"我是小学生了"项目设计的学习任务巧妙地将教育理念与实践活动结合起来，确保每项任务都能让孩子在乐趣中有所体验、有所学习。这些任务不仅能助力孩子更好地适应小学生活，还能激发孩子的多元智能，同时还让他们在成功的体验中收获快乐。在超学科概念的统整下，每一项探究活动都聚焦核心观点，引导孩子今后在生活中找到学习的契机，在成长中获得成就的喜悦。

通过精心设计的短期和长期任务，我们的目标是引导孩子顺利过渡到小学生活，培养他们成为学习和生活的主人。这一系列任务涵盖从认识校园环境到自我管理的各个方面，帮助学生在探索中发现自我优势、感知情绪、认识同伴，并在日常生活中有效管理自己的学习空间。

短期任务"我最喜欢的校园一角""我的情绪小怪兽""整理书包小能手""我的同伴画像""'一日校园生活'小小书"帮助新入学的小学生快速适应校园生活，理解和表达自己的情绪，建立友好的同伴关系，有效管理个人物品，以及记录和分享自己的校园经历。这些任务不仅促进学生对小学环境的认识和适应，也培养他们的自我管理和社交技能，同时激发他们对学习的热情和好奇心。

为了更好地适应小学生活，本项目还设计了对应的长期任务"我是校园小向导""自理能力小达人""我的100天情绪小日记""同伴冲突小剧场"和"我的专属钟表"等长期任务，学生将面对和克服各种挑战，逐渐适应并拥抱自己小学生的角色。下表展示了短期和长期学习任务的成功标准、评价方式和评价主体。

· 短期系列任务

表 3 – 34 "我是小学生了"项目评价表

学习任务	成功标准	评价方式	评价主体
我最喜欢的校园一角	1. 能够识别并表达对校园特定地点的喜爱。 2. 能清晰地绘制校园一角的特征，能够清楚地展示其所选地点的特点，并能简洁明了地介绍该地点及其喜爱的理由。	学生展示其绘画作品并进行口头介绍，教师和同学们提供反馈。	老师 同学
我的情绪小怪兽	1. 能够通过创作表达自己的情绪，并分享情绪产生的背景。 2. 创作的情绪小怪兽能够反映出特定的情绪，能够解释情绪产生的原因。	学生展示作品并口头分享情绪产生的背景。	老师 同学 家长
整理书包小能手	1. 能够有效地管理自己的学习用品，保持书包整洁有序。 2. 能将书包内物品分类，便于找到，且日常保持整洁有序。	教师和家长监督和鼓励学生整理书包。	老师 家长
我的同伴画像	1. 能够展示对同伴的了解和友好的情感。 2. 能通过对同伴的了解绘制同伴的画像，并能够介绍这位同伴的一些积极特质或共同的经历。	学生展示画像并进行口头介绍，教师和同学提供正面反馈。	老师 同学
"一日校园生活"小小书	1. 能够记录一天校园生活，包括学习经历和活动经历等，并制作成小小书。 2. 制作的小小书内容完整，呈现自己在学校一天中的主要活动和个人感受。	学生向班级展示并介绍小小书内容，通过班级讨论和家长反馈进行评价。	老师 家长 同学

·长期系列任务

表3-35　"我是小学生了"项目评价表

学习任务	成功标准	评价方式	评价主体
我是校园小向导	1. 熟悉校园环境，并能清晰地向他人介绍。 2. 能准确指出至少5个主要地点，如图书馆、体育馆、食堂等。 3. 能向家长简明扼要地介绍这些地点的功能和重要性。	新生家长开放日活动，学生向家长介绍校园和班级。	家长同伴
我的100天情绪小日记	1. 能理解和表达自己的情绪。 2. 能在老师的引导下连续记录100天的情绪变化，并能够识别和命名不同的情绪。 3. 能在日记中简述引起情绪变化的原因。 4. 能通过日记记录，反思情绪变化和自我调节的策略。	终结性评价：乐考①中审阅学生提交的情绪日记。 考查学生对自己情绪的认识和调节策略的使用。	老师
自理能力小达人	1. 提升管理个人物品的能力。 2. 能独立整理和管理自己的书包和学习用品，确保必需品齐全。 3. 能够独立完成基本的个人卫生任务，如正确穿戴衣物、系鞋带、整理座位。 4. 具备良好的自我管理能力，包括按时吃饭。 5. 能保持个人物品整洁。	过程性评价：日常观察和定期检查学生的个人物品管理情况。 终结性评价：一年级收纳整理大赛。	老师同学家长自己

---

① 乐考，即无纸化考试，是针对小学低年级学生群体，利用游戏的方式对小学生们进行面对面测试的一种新的期末考方式。

学习任务	成功标准	评价方式	评价主体
同伴冲突小剧场	1. 提升人际交往和解决冲突的能力。 2. 能够在角色扮演中展示出识别和理解同伴情绪的能力。 3. 能够提出至少一种解决冲突的策略，并在模拟活动中实践这种策略。	过程性评价：观察学生日常解决同伴冲突的方法。 终结性评价：通过观察学生在角色扮演活动中的表现，评估学生解决冲突的能力、合作精神和同理心。	同伴 老师 自己
我的专属钟表	1. 记录自己的学习生活并学会时间管理。 2. 能够设计并制作一个个性化的钟表，正确显示自己一天日常活动的时间，如作业时间、休息时间、游戏时间等。	终结性评价：乐考中考查学生设计的钟表是否实用，并评估学生时间管理的能力。	老师 自己

这些任务不仅能帮助学生更好地适应小学生活，还能促进他们在自我管理、情绪调节、人际交往和时间管理等方面成长，为他们在小学阶段乃至未来的学习和生活奠定坚实的基础。

二、学习任务的设计与实施

"我是小学生了"是一个为期 100 天的挑战项目，旨在帮助新入学的小学生顺利适应小学生活，发现并挖掘自己的多元智能。在入学注册日，孩子们正式踏入小学的大门，开启他们作为小学生的全新旅程。本项目通过一系列精心设计的探究任务，引导孩子们逐步了解小学生活的各个方面，包括校园环境、师生关系、个人情感、同伴互动以及学习方式，完成从幼儿园到小学生活的过渡，对即将开启的小学生活充满期待和好奇并做好准备。

进入小学校园，既有憧憬，又显紧张，一年级新生将遇到什么样的问题？如何解决这些问题？本学习任务设计引入、发现、梳理、进一步探究、行动反思探究过程，使小学生适应新角色，爱上小学生活。

下面以探究导图的形式呈现整体的探究思路。

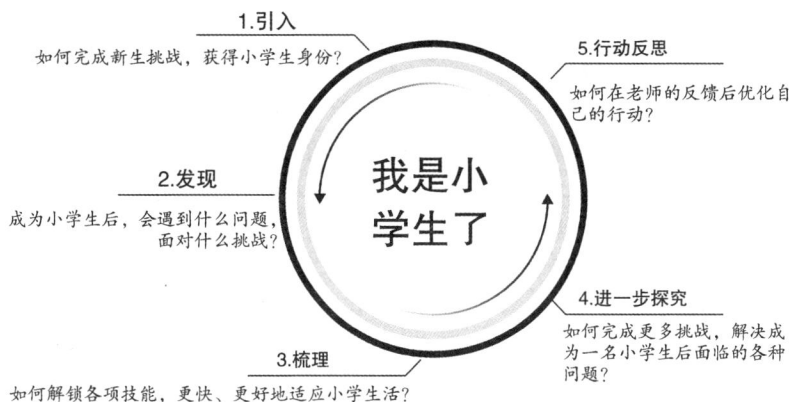

图 3-58　"我是小学生了"学习任务探究导图

表 3-36　"我是小学生了"学习任务

痛点问题	儿童多元智能	持续理解	学习任务（5 天内）	学习成果	学习任务（100 天内）	学习成果
适应问题	空间认知	探索和识别我们周围的学习空间可以增进我们对环境形式的理解，并且通过有效管理这些空间，可以使学习更加高效、更加愉悦。（形式）	小学校园和幼儿园有哪些不一样？高年级的大哥哥、大姐姐将带你探秘校园，找一找你最感兴趣的角落。	我最喜欢的校园一角	校园里哪些地方让我们感觉安全和舒适，班级的学习空间如何划分，能帮助我们更好地学习？	我是校园小向导

痛点问题	儿童多元智能	持续理解	学习任务（5天内）	学习成果	学习任务（100天内）	学习成果
自我意识	自我认知	通过记录和分享我们的情绪，可以提升认识情绪、管理情绪的能力，掌握解决情绪问题的策略。（视角）	你今天的心情是什么颜色？设计制作你的情绪小怪兽，让我们猜猜你今天的心情怎么样。	我的情绪小怪兽	颜色、图案都能表达心情，我们发起100天的心情记录挑战，记录每一天的心情，等到100天的时候，是不是会成为一幅漂亮的图画？	我的100天情绪小日记
生活习惯	空间认知	探索和识别我们周围的学习空间可以增进我们对环境形式的理解，并且通过有效管理这些空间，我们可以使学习更加高效、愉快。（形式）	想要快速在书包中找到需要的学习用品，这需要我们平时及时进行分类和整理。	整理书包小能手	学习空间无处不在，在学校和家里，哪些是你的学习空间，你如何管理这些学习空间，能便于我们的学习？	自理能力小达人
人际交往	人际沟通	认识新同伴可以帮助我们探索友情的形式，学习如何解决冲突是维护同伴关系的重要部分。（形式）	记录同伴的喜好，画出同伴的头像，并让周边的人猜猜你画的是谁。	我的同伴画像	我和我的同伴闹矛盾了，有什么方法能让我们和好呢？不找老师、不哭鼻子，我们能自己解决吗？	同伴冲突小剧场

痛点问题	儿童多元智能	持续理解	学习任务（5天内）	学习成果	学习任务（100天内）	学习成果
问题解决	逻辑推理	在我们的生活中寻找和理解规律，不仅可以帮助我们预测和理解变化，还可以指导我们解决问题。（变化）	小学生活的每一天看上去都一样，也有一些不一样，制作一本小小书，和家人分享我在小学生活的一天。	"一日校园生活"小小书	钟表是如何影响我们的生活的，生活中如何运用钟表？设计一款自己的专属钟表，用于安排自己每天的学习和生活。	我的专属钟表

"我是小学生了"项目以其独特的设计和实施策略，为新入学的小学生提供了一个平滑过渡和全面成长的平台。这个项目不仅关注学生的知识学习，更深入地挖掘他们的情感、社交和自我管理能力，旨在为他们的全面发展打下坚实的基础。以下是该项目的详细介绍，揭示了它如何引导学生探索、体验并适应小学生活。

1. 引入：如何完成新生挑战，获得小学生身份？

在新生注册日，学生会收到一张探秘活动邀请卡，在一个充满想象力和挑战的情境中，学生被正式引入小学生的角色，这份独特的开学体验既激发了他们的好奇心，也为他们即将开始的学习探索之旅设定了积极的基调。

活动以一场主题为"海底两万里"的寻宝游戏拉开序幕，新生随机抽取自己的海洋探秘身份，如"小海螺""小贝壳""小海星"等，同类的海洋生物被分为一组，每个团队都会收到"成为小学生"的挑战任务。任务是在校园中寻找各项功能区域，例如图书馆、剧场、体育馆、农场、操场、餐厅等，在这些功能区域中，创设了一系列富有创意的谜题和挑战。每完成一项任务，可在挑战卡上收获一枚印章，通关后就可以找到"鹦鹉螺"号的钥匙，从而获得专属自己的小学生身份卡及开学礼包。

值得分享的实施策略是"混龄小组，闯关探秘"。在探秘校园的环节中，为了缓解新生在陌生校园中的不安，也为了更好地激活游戏体验，我们为每一位新生邀请了一位高年级的哥哥或姐姐陪伴，一同完成校园探秘的闯关任务。在混龄小组中，哥哥姐姐帮助新生快速进入游戏情境，最大限度缓解了他们的焦虑，让他们在开心愉悦的气氛中完成挑战。

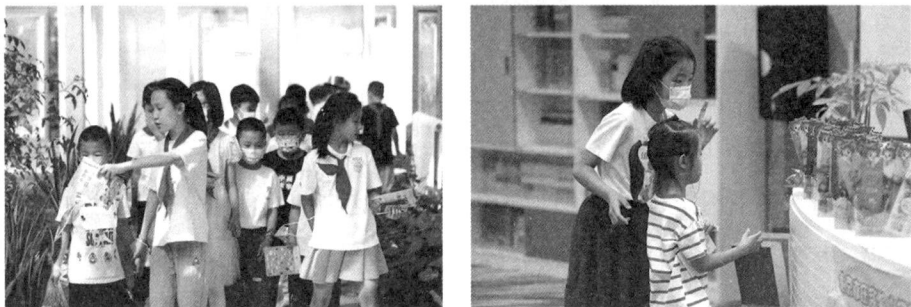

图 3－59 混龄小组探秘校园

这项任务不仅让新生对学校环境有了初步了解，也激发了他们对小学生活的期待和好奇。

2. 发现：成为小学生后，会遇到什么问题，面对什么挑战？

经过"探秘校园"的挑战任务，一年级新生对学校有了初步的了解，那么对接下来的小学生活有哪些问题、哪些期待呢？在老师的组织下，进行小组交流。高年级的哥哥姐姐作为小导师，协助新生完成小组交流和信息收集工作。在新生分享自己的问题时，哥哥姐姐将学校的更多信息传递给他们，也会将自己解决问题的经验传授给弟弟妹妹们。混龄的同伴友谊在这个环节得到进一步发展。

新生王一一在和同伴一起绘制校园地图时，因为争抢彩笔，发生了争执，王一一哭得很伤心，她不知道为什么同伴不肯让给她彩笔。小导师小宇姐姐及时安抚了王一一，并鼓励大家分享使用彩笔、彩纸、胶棒等材料和工具，一同完成小组作品后，还要一起整理剩余的材料和垃圾。王一一和同伴在小宇姐姐的帮助下，顺利完成了小组任务。王一一非常开心，也很依恋小宇姐姐，有问题也愿意找小宇姐姐帮忙。小宇分享说，协助弟弟、妹妹们完成挑战任务对自己来说也是一个很大的挑战。弟弟、妹妹们会有很多问题，有时甚至不愿意听自己的意见，自己会很受挫。但当看到弟弟妹妹们在自己的帮助下，出色地完成了挑战任务，自己很有成就感。

此环节，在小导师的协助下，收集了新生面对小学生活的一些问题和困惑，整理如下：

1. **对学校不熟悉**：我刚到新学校，会找不到教室和老师，很担心。

2. **对课程时长和作息时间不适应**：小学的课程时间比幼儿园长很多，而且没有午休，我觉得很累，有点不习惯。

3. **分离焦虑和情绪波动**：我对新环境感到不安，有时候会在校门不想进去；我发现自己的情绪变化很大，很容易兴奋，也很容易难过。

4. **不能客观描述学校发生的事情**：有时候我遇到问题，会感觉很委屈，但又说不清楚发生了什么，担心家里人和老师不理解我。

5. **缺乏安全意识和自我保护能力**：我和同学玩的时候，有时会不小心受伤，但不知道怎么避免这些危险。

6. **自理能力不足**：我经常找不到自己的东西，书包里总是乱七八糟的；有时候鞋带松了也不知道怎么办，吃饭时挑食，忘记喝水。

7. **个人卫生习惯需要改进**：我的手总是很脏，但我不知道怎么才能保持干净；我的课桌下经常有垃圾，我也不喜欢整理。

8. **时间管理意识有待提高**：我常常迟到；上课后总想去厕所；妈妈说我做事拖沓，我也想改进，但不知道怎么做。

解决问题的第一步就是明确问题，在老师和小导师的引导下，每一位新生都分享自己面对小学生活的不安。面对这些问题，我们将开启一系列学习任务来帮助他们学习如何适应小学生活。

3. 梳理：如何解锁各项技能，更快、更好地适应小学生活？

子任务1：我最喜欢的校园一角。

在"探秘校园"的任务中，孩子不仅认识了校园各功能区域，还需找到那个他们觉得最吸引人、最有意义的地方。这个活动旨在让学生熟悉校园的各个角落的同时，建立起与新校园的情感联系。在此任务中，学生可以通过绘画或拼贴的方式呈现自己最喜欢的校园一角，讲述为什么这个地方对他们如此特别，期待在这里做什么，最后在班级分享他们的发现和感受。

图 3 – 60 学生分享"我最喜欢的校园一角"

子任务2：我的情绪小怪兽。

这是一个创造性的活动，旨在帮助学生识别和表达自己的情绪。通过阅读相关绘本并进行讨论，孩子们了解到各种情绪都是正常的，并且每个人都有不同的方式来表达它们。接下来，他们将用颜色和形状创作出代表自己不同情绪的小怪兽。这个活动不仅加深了孩子们对自己情绪的认识，还能鼓励他们理解和尊重他人的感受。

图 3 – 61 学生创作自己的情绪小怪兽

子任务 3：整理书包小能手。

整理书包看似简单，却是自我管理能力的重要体现。在这个任务中，学生将学习如何有效地整理书包，使其既有序又实用。老师会先询问同学们整理书包的方法，一起分享如何整理书包更快、更整洁。邀请有整理方法的同学先示范整理书包的基本步骤，然后学生尝试自行整理，并制作一个简单的书包整理指南。通过这个过程，学生不仅学会了如何保持物品的整齐、有序，也培养了日常生活中的自理能力。

那剩下的你该怎么整理呢

图 3-62　学生学习整理自己的物品

实施过程中，老师不是手把手教学生如何整理书包，而是借助学习任务帮助学生通过对比和分类来整理图书、文具，在制作书包整理指南的过程中，促成学生理解分类在收纳整理过程中的重要性，也在实际生活中提升学生对比分类的思维能力。

子任务 4：我的同伴画像。

和同伴有共同的兴趣爱好是成为好朋友的一种方法；有自己喜欢的同伴是喜欢小学生活的重要原因。因此，交朋友的学习任务也是帮助孩子们适应小学生活的重要途径。首先，通过共读绘本《我有友情要出租》，说一说有朋友陪伴的感觉。通过"朋友盒子"游戏，发现自己与同伴的共同点，发现陪在自己身边的好朋友。通过绘制同伴的画像，学生有机会更加细致地观察和了解他们的同学。这个任务鼓励孩子发现和赞赏彼此的独特之处，并通过艺术的形式表达出来。每位学生选择班级的一位同学做模特，进行绘画，并在完成后，向全班介绍其作品，分享他们所画的同学的特质和为什么选择他/她作为模特。这不仅增进了同学间的友谊，还促进了班级社群的建设。

图 3-63　学生的"我的同伴画像"作品

在实施过程中，需要注意没有被选为模特的孩子，老师可以选择这些同学做模特，为他们制作好朋友画像，并在分享过程中呈现这些孩子的优点，帮助更多同学去发现同学们的优点。

子任务5："一日校园生活"小小书。

学生通过绘画、剪贴画等方式记录下自己在学校中一天的经历，与幼儿园对比，小学的一天有哪些不一样，哪里非常吸引自己，然后将小学的一天制作成一本小小书。这项任务旨在帮助学生回顾和反思他们每天在学校的经历，发现小学与幼儿园的不同之处，从学习到玩耍，从独处到与朋友相聚，呈现小学生活的快乐和收获。通过分享他们的一天校园生活，学生不仅能够展示自己的创造力，还能增进同伴之间的了解和关系。

在实施过程中，还有一项非常重要的实施策略：通过亲子任务搭建家校合作的桥梁，帮助孩子平稳度过幼小衔接阶段，实现多元发展。"我是小学生了"项目通过一系列精心设计的亲子任务卡引导家长与孩子共同参与亲子游戏，深化家庭间的理解与沟通，同时帮助孩子顺利适应小学生活。

图3-64 亲子任务卡

通过这些亲子任务卡指导的亲子游戏，不仅帮助孩子以积极的态度面对新的学校生活，还加强了家长对孩子学校生活的了解和支持，促进了家庭内的沟通与和谐，为孩子的成长提供一个温馨的家庭环境。

4. 进一步探究：如何完成更多挑战，解决成为一名小学生后面临的各种问题？

进一步探究阶段，通过一系列长线学习任务，帮助学生增强自身能力，解决小学生活中的真实问题。

子任务1：我是校园小向导。

期中阶段，学校会面向一年级新生家长开展"开放日"活动。我们特别安排每位一年级学生担任自己家长的校园小向导，引领他们了解学校各个功能区域。"我是校园小向导"不仅是对学生熟悉校园程度的一次温馨考查，还是家长深入了解孩子对学校生活喜爱与否的绝佳机会。通过孩子的引导，家长得以从孩子的视角探索学校，感受孩子在校园中的快乐与成长。

此外，以表现型任务为驱动的活动，不仅激发孩子对校园环境的好奇心和探索欲，还鼓励他们发现学校各功能区域的无限可能，从而增强他们对学校的归属感和责任感。

子任务2：自理能力小达人。

这是为提升学生生活技能而精心设计的一系列活动。经过整理书包的学习任务，我们进一步扩展到更全面的自理任务，包括整理书包柜、管理书桌、叠放衣物以及其他日常自理事务。为了增加这一活动的趣味性和挑战性，我们设立了"自理能力挑战赛"，每周针对不同的生活技能设定具体任务，激励学生通过实践来提高自己的自理能力。

我们会在11月举办年级"自理能力小达人"比赛，每个班级都要选拔代表参加年级比赛。这不仅是对学生自理能力的一次检验，也是他们展示自我管理能力的舞台。通过这些精心设计的活动，我们的目标是让学生在乐趣中学会独立，培养他们管理日常生活事务的能力，最终成为真正的"自理能力小达人"。

在实施过程中，我们鼓励教师和学生共同参与任务的设计和执行，通过定期回顾和分享会，学生们能够互相学习，共同进步。这不仅促进了学生自理能力的提升，也加强了班级社群的凝聚力，为学生提供了一个互助合作、共同成长的环境。

子任务3：我的100天情绪小日记。

这是一个深入的情绪探索和表达之旅，在延续"情绪小怪兽"活动的基础上，进一步引导学生每日反思并记录自己的情绪变化。通过这一过程，学生们不仅学会识别自己的情绪，还能探究其产生的原因，以及如何有效地管理这些情绪。

在项目启动初期，教师会向学生详细介绍情绪日记的目的、重要性以及记录的具体方法。随后，在每日的暮醒时间，学生会被鼓励记录下当天的心情，包括他们经历的情绪波动及其可能的触发因素。这不仅是一次自我探索的过程，也是自我表达和自我管理的重要练习。

为了促进学生之间的理解和支持，我们还定期举办情绪分享会。在这些分享会上，学生可以自愿分享自己的情绪日记，讨论他们在情绪管理上的成功经验或遇到的挑战。这些分享会不仅加深了学生对情绪复杂性的理解，还有利于建立相互支持、共同成长的班级文化。

经过100天的记录和反思，学生将整理自己的情绪日记，挑选出最难忘的一天进行分享。这一环节不仅是对个人情绪历程的总结，也是自身情绪认知和管理能力提升的体现。"我的100天情绪小日记"项目旨在帮助学生们建立起一套有效的情绪认知和调节机制，让他们成为情感更加成熟和自信的小学生。

子任务4：同伴冲突小剧场。

这是一项旨在提升学生同伴冲突解决能力的创新活动。通过角色扮演，学生有机会深入探讨和实践解决同伴间冲突的多种策略，从而促进和谐班级环境的建立。

我们会搜集日常同伴冲突的情境，如物品归属、肢体接触以及语言攻击等问题，然后将这些情境通过情境对话呈现在课堂上。这一过程不仅激发了学生的创造力，还帮助他们更好地理解冲突的本质。随后，学生将分组进行情境演绎，每个人都有机会尝试不同的角色，从而站在对方的立场思考问题。这一环节的核心是"冲突转盘"游戏，当模拟冲突发生时，学生通过转动转盘选择解决冲突的方式尝试解决冲突，如认真倾听、换位思考或沉默三分钟等。在每次角色扮演活动结束后，全班将进行集体反思讨论，共同评估不同冲突解决策略的有效性和可行性。这种方式能够帮助学生认识到不是所有问题都是非黑即白的，更重要的是要学会互相理解、互相帮助。

"同伴冲突小剧场"通过生动的角色扮演和实践活动，让学生在乐趣中学会解决冲突的有效方法，增强了同理心和社交技能，为建立一个和谐友好的班级环境奠定了基础。

子任务5：我的专属钟表。

"我的专属钟表"项目旨在通过创意和实践活动培养一年级学生的时间规划意识。这个任务不仅是对时间的初步认识，更是让学生在设计和制作过程中，为自己的每一天做出合理安排的实践尝试。

任务首先从引导学生理解时间的基本概念入手，通过丰富多样的教学方法，如讨论、游戏或故事讲述，让学生认识到时间管理的重要性。随后，教师将引导学生认识古今中外各种各样的钟表，归纳总结钟表的特征，从而指导学生设计和制作一款专属于自己的钟表。这一环节不限定形式，鼓励学生发挥创意，可以选择制作纸质钟表、电子钟表或其他任何创意产品。在完成钟表设计之后，学生将被邀请规划自己一天的时间分配，从早晨起床到晚上睡觉的每一个环节都需要被考虑进去。他们需要使用自制的钟表来管理自己的日常活动，比如学习时间、玩耍时间、休息时间等，确保每一部分都得到恰当的时间分配。

通过这一学习任务，学生获得了一件属于自己的个性化时间管理工具，更重要的是，他们在乐趣横生的创作过程中，学会了如何自主管理时间，增强了时间意识和自我管理能力，为未来的学习和生活奠定基础。

5. 行动反思：如何在老师的反馈后优化自己的行动？

成为小学生的第一个 100 天，我们为新生精心策划了一场别开生面的一年级乐考活动，通过游园会的形式，让学生对过去的 100 天深入反思。这场游园会不仅是对"我是小学生了"项目中各项学习任务的总结，更是对小学生活初体验的庆祝。游园会中设置了多个以"我是小学生了"项目学习任务为主题的摊位，包括"校园地图探索""情绪日记回顾""自理能力展示""我的好朋友介绍""冲突解决转盘体验""校园生活小小书分享"以及"我的专属时钟设计"等。每个摊位都设计了具体的挑战任务，鼓励学生积极参与，展示自己的学习成果。例如，在"校园生活小小书分享"摊位上，学生需要向老师和同学展示自己制作的小书，讲述自己在校园中的一天；在"情绪日记回顾"摊位，学生将分享自己记录的日常情绪变化以及对各种情绪的理解；"冲突解决转盘体验"摊位让学生展示自己解决冲突的智慧和方法；而在"我的专属钟表设计"摊位上，学生则需要说明如何利用自己设计的时钟来管理时间。

通过这些互动式的挑战任务，学生们不仅能够回顾和展示自己在过去100 天的学习和成长，还能在老师的指导和反馈下，找到自我提升的空间。

更重要的是，这样的活动设计让学生在轻松愉快的氛围中，深化对小学生活的理解和喜爱，为接下来的学习旅程注入更多的动力和信心。

GRASPS 评估设计

项目名称：我是小学生了

适用年级：一年级

表 3 - 37 "我是小学生了" GRASPS 模型

目标（Goal）	助力一年级新生顺利、快乐地适应小学生活。
角色（Role）	小学生。
受众（Audience）	同龄人、家长、老师。
情境（Situation）	从认识校园环境到自我管理的各个方面，帮助学生在探索中发现自我优势，感知情绪，认识同伴，并在日常生活中有效管理自己的学习空间。
产品或表现（Product/Performance）	最喜欢的校园一角、自理能力小达人、我的 100 天情绪小日记、我的专属钟表。
标准（Standards）	1. 能够熟悉校园环境，并能清晰地向他人介绍。 2. 提升管理个人物品的能力。 3. 能理解和表达自己的情绪。 4. 提升人际交往和解决冲突的能力。 5. 记录自己的学习生活并学会时间管理。

《始业课程》首创团队：史丽英、王婷婷、李伟、梁音子、高丽君、蒲乐洋

项目设计成员：张鑫、代金凤、黄婷、李婧菲、付嘉玮、马琳、陈亭秀、白璐、张怡婷、王朝霞、陈晓娅、董向宇

案例 2　因为热爱，所以坚持

——以原创音乐剧《青鸟》系列项目为例

一、学习任务介绍

（一）任务背景

我们选择以原创音乐剧《青鸟》项目献礼亦小建校十周年，用以突显亦小独特的育人理念。《青鸟》项目是一个不同于以往戏剧展演的庞大课程系统，孩子们在这个过程中不只完成戏剧角色扮演的任务，更重要的是对整个戏剧教育创生过程的沉浸式体验。

在《青鸟》这个庞大的原创音乐剧项目中，学生遇到了一系列的复杂问题，例如：众多演员需要的服装、道具如何解决？适切的背景动画、作词、作曲等，该如何设计？……整个剧团亟待解决的是一个又一个不同类型的问题。面对这样的真实困境，我们通过系列项目驱动多个子任务的并行发生，以使《青鸟》项目式学习真实落地。

每一位学生都是独一无二的个体，本项目秉承"发现优势、挖掘潜能"的宗旨，设计了 7 个角色，以真实困境驱动，不同角色之间团队协作，全面提升学生的艺术素养及综合能力。

这部剧聚焦"我与我们""我与社会"两个领域，通过创设使学生陷入真实困境的学习体验，挖掘个人潜能，在自我调整与反思的过程中，深化对社会责任的认识，完成系统的任务探究过程。所有部门所需产品均由学生全程参与创作，将多学科融合，学习与生活紧密联系，全方位提升学生的学习体验。

（二）学习目标

美好的课程愿景面临着巨大挑战，例如：项目经费有限，参与学生年龄差较大，参与人员数量庞大，组织管理难度加大，项目涉及专业领域分支较多，缺少专业技术支持等，这一系列困难既是挑战，又是机遇，化解危机的过程便是教育发生的过程。

表 3 - 38 《青鸟》项目学习目标

核心观点	认识事物的复杂性、多样性，并挖掘自身优势为事物发展贡献力量，是自我成长的必经之路。		
概念	形式	功能	审美
探究线索	通过认识戏剧演出运行方式，进一步认识剧组是由不同工种协作组成的。	认识剧组的运行方式，依据实际情况，设置多个适合孩子的不同角色，并成立项目组，共同助力一部戏剧的创作和演出。	将多种文艺元素有机结合，培养孩子对美的敏感性和热爱，帮助他们发展美感，从而更加全面深入地认识自我以及周围的环境和人。
学习目标	1. 能通过在舞台环境不断地观察、体验、感受，提高对身体、神态和情感的感知，增强表演的信念感和感染力。 2. 能在舞台实践中深入探索不同角色的形象，挖掘角色内心的主观感受，提高舞台表现力和创造力，增强角色的可塑性和表现力。 3. 能通过编写剧本、创作歌词等，提升语言知识和技能，对故事情节及人物关系有独立思考和判断能力，能够独立思考、分析"什么是幸福"。 4. 能通过剧目音乐内容编创与学习，掌握音乐基本理论和技能，理解乐理，欣赏不同类型风格的音乐，在原创过程中提高创意性思维能力。 5. 能通过设计服装、制作道具、设计舞美，掌握相关技能，对剧目整体风格有一定的审美。		

《青鸟》是一个集多项子任务于一体的综合性真实学习任务群，学生需依据真实问题情境，经历分析问题、解决问题的学习过程，最终生成产品。通过以上路径，我们探明了《青鸟》这一学习任务的学习目标，在目标的引领下，进一步确定驱动问题，在驱动问题的持续推动下，学生将进行持续性探索。

（三）学习评估

在此系列项目中，学生将在不同的子项目中扮演 7 个不同的角色，并完成相应的产品，支持原创音乐剧《青鸟》的顺利展演。

表 3 - 39　《青鸟》项目评价表

角色	主要产品/表现	成功标准	评价方式	评价主体
服装设计师	88 个演员的服装，共 112 套。	1. 根据人物角色和剧目特点，设计出符合风格的服装。 2. 通过剧目和演员的需求完善服装的功能与舒适性。	组内评价 观众留言板	生生互评 师生共评 观众评价 专家评价
道具设计师	可供整场 8 幕演出使用的全部道具。	1. 设计符合剧情、人物角色需求的道具，且具备实用性、功能性、美感。	组内评价 观众留言板	生生互评 师生共评 观众评价 专家评价
动画设计师	时长 90 分钟的动画背景效果。	1. 根据人物角色、故事情节，设计出动画背景效果。 2. 动画效果具备观赏性，增强动画作品的价值和意义。	组内评价 观众留言板	生生互评 师生共评 观众评价

角色	主要产品/表现	成功标准	评价方式	评价主体
原创词作家	3首原创主题曲的歌词。	1. 作词符合剧目需要，词汇和韵脚生动。 2. 作词具有明确的歌曲结构，包括主旋律、副歌、间奏等，具有可重复性。	组内评价 观众留言板	生生互评 师生共评 观众评价 专家评价
原创作曲家	3首原创主题曲，40首原创音乐剧曲目。	1. 作曲曲目与剧情相符，旋律流畅，通过旋律为角色注入热情，帮助塑造角色形象和情感，推动剧情发展，加强故事的追踪性，体现对剧目的思考和理解。	组内评价 观众留言板	生生互评 师生共评 观众评价 专家评价
剧组小导演	指导全体小演员的声、台、形、表，以保障《青鸟》剧目演出的效果。	1. 能够为剧组提供创意、设计、演出、策划等方面的方案，能够不断激发小组员的创造性和活力。 2. 能够协调众人完成剧组的演出活动，发现小演员的优点和潜力，包括剧本分析、排练、演出彩排环节，解决突发问题，顺利完成任务。	组内评价 观众留言板	生生互评 师生共评 观众评价 专家评价
门票设计师	4场演出的2000张门票。	1. 信息完整，突出演出主题和特色，有别于传统的门票设计，让门票成为演出的一部分。 2. 具备实用性，方便观众携带和使用，能够成为观众的纪念品和演出的宣传。	组内评价 观众留言板	生生互评 师生共评 观众评价

二、学习任务的设计与实施

面对这样一场挑战极高的原创音乐剧《青鸟》，我们需要经历以下 5 个探究过程：问题调研、发现问题、独立创编、进一步探究、行动反思，从学生群体存在的对"幸福"定义较为模糊这一真实现象出发，搜集素材，追溯问题的根源，将其作为剧本创编的依据，继而在进一步探索阶段全面开工，多线路并行，根据剧目需求设置 7 个不同的项目组以满足我们的需要，最终保障整部剧的演出成功，每一位学生在这个过程中都收获了独一无二的成长。下面以探究导图的形式呈现整体的探究思路。

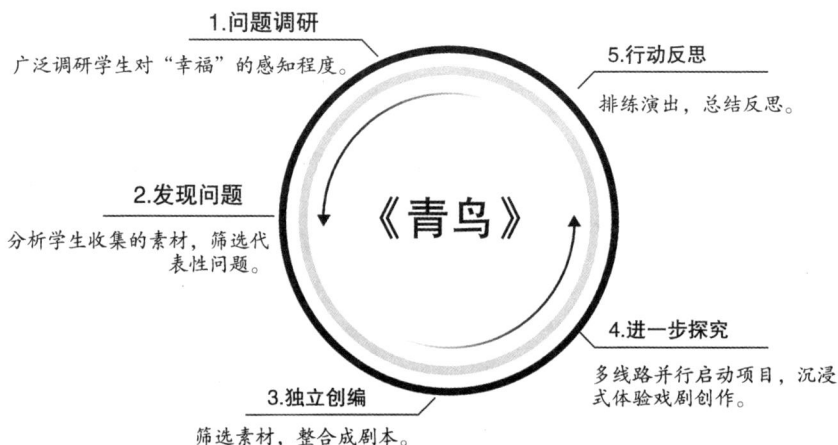

1.问题调研
广泛调研学生对"幸福"的感知程度。

5.行动反思
排练演出，总结反思。

2.发现问题
分析学生收集的素材，筛选代表性问题。

4.进一步探究
多线路并行启动项目，沉浸式体验戏剧创作。

3.独立创编
筛选素材，整合成剧本。

《青鸟》

图 3-65 《青鸟》学习任务探究导图

《青鸟》项目探究导图包括 5 个核心步骤，下面对这 5 个核心分别对应的探究路径做具体说明。

1. 问题调研：广泛调研学生对"幸福"的感知程度。

子任务1：青鸟项目入项活动，发布探究任务。

①项目组老师介绍《青鸟》项目背景及原著故事，讲述《青鸟》项目如何开展，以及剧组整体的框架构成。

②学生提出问题，形成初步构想，确定剧目表演的呈现形式及风格。

子任务2：明确探究任务，结合自身生活及故事剧情对幸福进行定义。

①老师提出引导问题"什么是幸福"，激发学生对幸福的思考。

②学生头脑风暴：

a. 什么是幸福？

b. 你最想要实现的梦想或一件事是什么？

③对校园中的老师与同学进行调研，通过口述、写作、绘画、绘本阅读等方式呈现调研结果。

2. 发现问题：分析学生收集的素材，筛选代表性问题。

分析调研结果，确定剧目作品原创方向及风格：

①分析组内调查问卷数据、调研结果。

②挑选各类适用于原创剧目的素材，并进行整理。

③确定原创剧目风格，并制定剧目创作阶段性目标与时间轴。

④各小组分享目标，并反思目标。

3. 独立创编：筛选素材，整合成剧本。

反思总结，准备创作：

①学生根据角色分组，对素材进行整理。

②作词组、作曲组、小导演组根据剧目片段制定阶段性创作目标。

③开始对剧本内容（台词、歌词、音乐）的梳理与阶段性创作。

④老师给予学生"脚手架"式专业方面的各项支持与帮助，协助各小组完成剧本原创内容。

⑤阶段性分享各组原创内容，反思梳理原创中出现的内容问题及方式方法。

⑥形成草稿（歌曲、戏剧、台词），并细化修改，直至修改成排演版剧本。

4. 进一步探究：多线路并行启动项目，沉浸式体验戏剧创作。

本项目所涉及的子项目及工种分类具体如下。

表 3-40　《青鸟》子项目及工种分类

角色	原创作词/作曲家	服装设计师	道具设计师	动画设计师	小导演	门票设计师
任务列表	1. 根据演员及角色的音域、音色及时调整剧目歌曲的属性。 2. 以大带小学习剧目中所有歌曲。	1. 根据剧目片段及人物角色设计符合需求的服装设计图。 2. 对演出服装的风格、元素、功能进行梳理（后期服装的定做）。 3. 对半成品演出服装进行加工、修改、定装。	1. 梳理原创剧目所需所有道具。 2. 根据剧目片段及人物角色设计符合需求的舞美道具。 3. 对舞美道具的风格进行梳理（后期制作）。 4. 对半成品演出舞美道具进行加工。	1. 梳理所有动画效果需求的场景。 2. 根据人物角色的性格、喜好，以及故事情境，设计出相关场景和背景元素的动画效果。	1. 协助老师完成剧组内外的演出活动，包括剧本分析、排练、演出彩排等环节。 2. 协助小演员进行排练。 3. 协助小演员完成剧目片段内容排练与彩排演出。	1. 根据演出各项需求完成票面设计。

面对《青鸟》这个项目，学生遇到了超长动画背景设计的困难：一方面是动画设计费用极其高昂，另一方面是动画插画风格不知如何确定。学生在解决这一问题的时候，眼光独到，别具匠心，用黑白线条打造的舞台效果更高级，"手动"动画又实现了我们的动画目标。学生还遇到了与剧目相匹配的作词、作曲的挑战。资金有限的问题也依然存在，毕竟专业的作词作曲是按曲目数量收费的，而且外面的专业人员对《青鸟》本身还需要深入的调研。但是，外部人员的短板恰恰是我们学生的优势，他们不仅了解《青鸟》，而且对《青鸟》感情深厚，于是有了学生沉浸式投入创作的身影，有了他们边创作边抹眼泪的瞬间，有了他们为一句歌词修改多遍乐此不疲的点滴，这大概就是热爱的力量吧！

在舞台后台你可能会听到："老师我鞋没了！""老师，这场我要不要换装？"也可能会听到："戴了麦不能说话！""赵小森，马上到你了，别误场！"或许还能听到："注意，别误场了！""来舞台贴个地标！"……老师笃定地认为自己可以协助学生处理一切问题，才发现大脑已经过载，在应接不暇的声音中，不时会看到一双大手在牵着一双小手，他们教会了弟弟妹妹自己换服装，教会了他们如何切换道具，帮助他们排练表演，帮助他们成长。他们不仅是"青鸟"的榜样，也是老师们的臂膀！长大的身影渐渐离巢，但是未来还有更多"青鸟"逐渐长大，希望他们可以将"青鸟"的爱一直传递，让这份温暖继续发光。

图 3 - 66　演出准备过程

5. 行动反思：排练演出，总结反思。

子任务 1：剧组制作会。

①梳理现阶段排演、制作等方面出现的问题；

②通过制作会的形式进行问题的表述，向各个部门征集建议；

③根据问题情况，老师介入引导学生解决并优化细节。

子任务 2：原创剧目的连排与彩排。

①总结出现的问题，连排至彩排阶段不断打磨再创作；

②根据演出前的情况，老师介入协助学生完成剧目片段定型的表演内容；

③对根据剧目片段定型的表演内容进行反复打磨、排演。

子任务 3：舞台彩排与演出的实践。

①根据舞台演出现场实际情况及舞台构成，调整自己角色表演的相关

设定；

②完成灯光、音响、现场乐队的合成彩排；

③根据角色在剧目中的行动，制定合理的换麦、换装/抢装、道具方案；

④反思舞台实践任务中出现的问题，及时反馈，总结问题；

⑤舞台实践演出。

过程剪影

项目式的推动不止是为了课程逻辑的完整，还应发挥更大的价值。对于承载了更多教育价值的校园戏剧，不仅是排演戏剧，还要看到学生在排演戏剧过程中的成长，这是需要我们引导的。在确定了这个思路之后，我们又对前期的课程化思路进行了适合观众阅读的适应性调整，将其以巨制海报的方式呈现出来。观众将会首先看到这幅大海报（见181页），通过浏览海报初步了解学生在这部剧中的作用，原来学生不仅演了剧，还作了曲、写了词，设计了背景动画、服装、海报等等，初印象上就感受到校园戏剧的不同，并且带着自己对这部剧的初步思考进入观剧状态，有助于其对剧情和剧团的理解和认识。此外，我们还专门设置了"留言板"区域，这是另一种形式的第三方评价，当观众观剧结束后再次回到大海报处，将自己的感受留言至此，形成一个完整的闭环，这本身也是观众们的一次小型探究之旅。这样的课程化方案，一方面呈现了《青鸟》项目式学习的成果，另一方面将观众这一"受众"的体验升级，成为我们项目评价研究的重要支持。

所以，在现场我们惊喜地看到，在集多个子任务于一体的综合性真实学习任务群——原创音乐剧《青鸟》中，孩子们面对真实问题情境，经历发现问题、分析问题、解决问题的过程，充分挖掘了个人潜能。每一项任务都看似不可能，但孩子们在这个过程中时刻都在竭尽全力，挑战不可能，孩子们在不同角色的体验过程中获得了成长。

观影结束，很多孩子、家长、老师围在巨制海报周围，激动地写自己的观影体验。所有的热泪盈眶都是因为《青鸟》，点点滴滴都是用心，一幕一景都是热爱，因为热爱，所以坚持，最终成就了舞台上的精彩。

主创们克服艰辛的探索历程，随着剧情推进一帧一帧地从脑海中划过。观众们为之动容的不仅是开场《我想要》引起的共鸣，也不仅是剧里爷爷奶奶的等待、"天国"小天使对爱的期盼、对妈妈的喜悦的动容、兄妹对幸福的向往和追寻，还有学生眼里的坚定和炙热。整个剧团上下协作一致，谢幕礼上那个乱入踮着脚蹦着非要给台上姐姐一个小面包的孩童，还有动画效果的绚丽、服装设计的专业、歌词的扣人心弦、作曲的恰如其分……都成为一份难以忘怀的美好回忆。

为热爱鼓掌，致敬每一位"青鸟"的热爱！

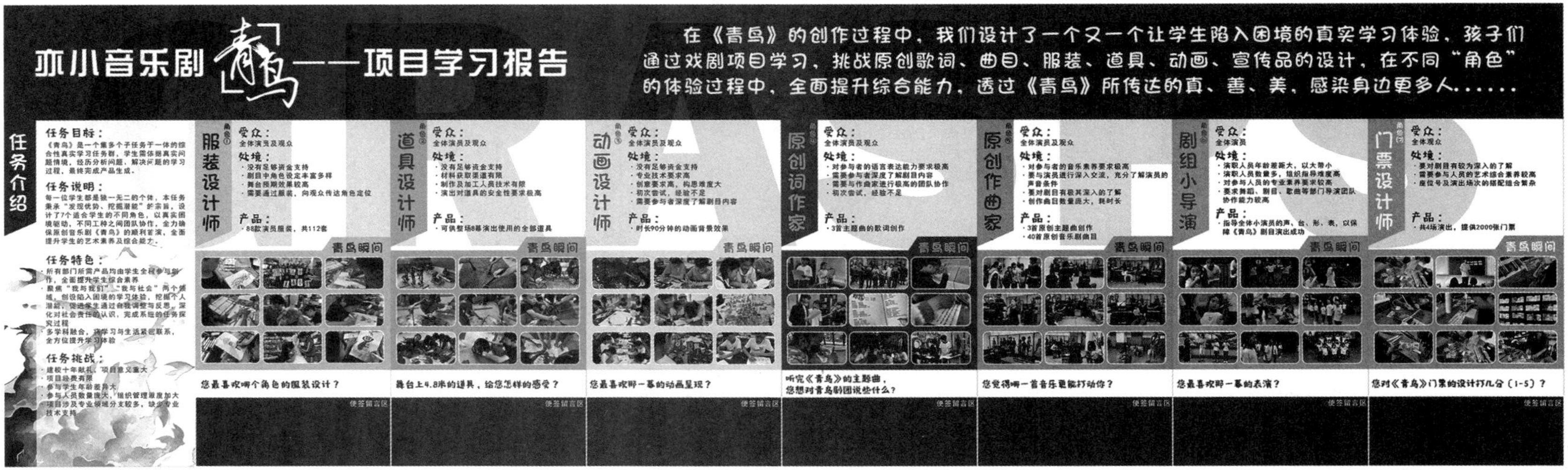

亦小音乐剧 《青鸟》——项目学习报告

图3-70 《青鸟》巨幅海报

GRASPS 评估设计 _____

项目名称：《青鸟》

适用年级：多年级

表 3 – 41　《青鸟》GRASPS 模型

目标 （Goal）	保障《青鸟》顺利演出，并从中获得成长。						
角色 （Role）	服装设计师	道具设计师	动画设计师	原创词作家	原创作曲家	剧组小导演	门票设计师
受众 （Audience）	全体演员及观众						
情境 （Situation）	在资金支持短缺的情况下，制作一部高标准的原创音乐剧《青鸟》。						
产品或表现 （Product/ Performance）	88 款演员服装，共计 112 套。	可供整场 8 幕演出使用的全部道具。	时长 90 分钟的动画背景效果。	3 首原创主题曲的歌词。	3 首原创主题曲，40 首原创音乐剧曲目。	指导全体小演员的声、台、形、表，以保障《青鸟》剧目演出的效果。	4 场演出的 2000 张门票。

标准 （Standards）	1. 通过人物角色的特点,选择合适的材料,设计出符合角色风格的舒适的服装。	1. 设计符合剧情、人物角色需求的道具,具有美感。 2. 具备实用性与功能性。	1. 根据人物角色、故事情节,设计出动画背景效果。 2. 设计的动画效果具备观赏性。	1. 通过创作内容表达故事情感、人物意念,具有深刻的意境和情感驱动。 2. 创作符合剧目需要的词汇和韵脚,使歌词更加生动,增强演唱的美感。 3. 创作的歌词具有明确的歌曲结构,包括主旋律、副歌、间奏,细节井然有序,并具有可重复性。	1. 能够塑造角色形象和情感,通过旋律为角色的气质和性格注入热情。 2. 创作曲目与剧情相符,歌曲能够推动剧情发展,加强故事的追踪性。 3. 创作曲目旋律流畅,能为歌曲增加美感,同时具有易记的旋律,激发人们对歌曲的喜欢和共情。 4. 创作曲目具有仪式感和价值感,体现对剧目的思考和理解。 5. 创作曲目能够与剧目的风格相呼应,能够完全代表剧目的个性和特点。	1. 能够为剧组提供创意、设计、演出、策划等方面的方案,能够不断激发小组员的创造性和活力。 2. 能够协调众人完成剧组的演出活动,包括剧本分析、排练、演出彩排环节。 3. 能够与小演员进行交流和探讨,发现小演员的优点和潜力,提高其表演能力。 4. 能够在演出活动中保持冷静沉着的态度,解决突发问题,顺利完成任务。	1. 能够突出演出的主题和特色。 2. 具备独特、创新的设计,有别于传统的门票设计,让门票成为演出的一部分。 3. 具有清晰、易懂的信息,包括演出基本信息,使观众在购票和入场时能够轻松快捷地理解。 4. 具备实用性,方便观众携带和使用,能够成为观众的纪念品和演出的宣传。

项目设计成员： 王建新、曹婷婷、陆帅文

第五部分 项目式学习的特点

一、源自真实成长困境的项目式学习，激活无限潜能

李希贵校长曾说过："学校是未来生活的浓缩和预演。"在工业社会，人们要准时上班、准时吃饭，按照规定做事；但是在未来，大部分人的世界可以自主规划、自主安排，生活中充斥着更多的不确定性。源自真实成长困境的项目学习通过调研、访谈、梳理学生实际生活中真实存在的、在现实生活中急需得到关注和解决的问题，从学生校园生活方方面面的真实需求、真实情境出发，努力探索项目式学习的边界，充分发挥学生的自主性，引导学生以项目式思维主动探究问题、解决问题。

例如，在校园真实类项目学习的探究主题中，我们均是从学生关注的校园问题出发：校园环境如何布置更能体现校园特色？什么样的课间游戏能让课间更有意义？宠物角的小香猪如何科学喂养？什么样的运动会能让师生共同喜爱？如何策划一场意义非凡的十岁成长礼？这些真实的校园生活问题，从最大程度唤醒和激发学生的探究兴趣，并通过一个个任务驱动把课堂和学习的权利交还给学生，学生在探究过程中充满了学习期待和学习热情。校园真实类项目式学习，真正体现了学生第一、学习中心的理念，展现了校园生活课程化助力学生成长的动态过程。

例如，在源于真实挑战的项目中，项目负责人通过打破时间限制、跨

越空间界限、利用数字技术、整合多学科知识等方式，有效地拓展了学生的学习时空，让学习与探索的样态更真实立体。通过模拟真实世界情境、促进跨学科学习、强化团队合作、培养自主性和责任感、提供失败与迭代的经验、运用现代科技以及提升社会意识等方式，让学校成为一个更加贴近未来生活的浓缩和预演场所。

例如，面对"如何以真实的系列项目激活一年级"这一问题时，我们发现，基于幼小衔接痛点问题和学生多元智能发展的系列项目具有以下特点：真实性，所有学生都"深陷"这一真实困境中；关联性，每个学生、家庭都高度关注这个问题，并愿意持续付出时间和精力；包容性，每一个子任务的设计都具有高度的兼容能力，使得整个任务设计是面向全体的，而非某一部分学生。所以，源自真实困境的项目式学习能最大限度唤醒内驱力，关注学生不同的学习偏好，激活无限潜能。

例如，面对"如何帮助学生重新认知幸福"这一问题时，我们发现戏剧的方式能够让这一问题"软着陆"。但原创音乐剧《青鸟》，至少需要7种不同的工种共同发力才能完成，因此我们将复杂问题解构，鼓励不同年龄段的学生根据个人优势加入不同项目组，以真实困境驱动，不同工种之间团队协作，持续探索，充分挖掘学生潜能，多线并行的项目组提高了项目效率，最重要的是在角色体验中、在解决问题的过程中收获真实的成长，进而与主题呼应，达成重新认知复杂不良结构问题——"什么是成长的幸福"这一目标。

二、聚焦自主解决问题的长时段项目式学习，提升核心素养

知识是涵养学科素养的载体，素养则是知识的实践性表达。学生自主解决问题能力的培养一直是我们从教走向学要攻克的难关之一，也是提升

学生核心素养的重要路径之一，但素养的培养非一朝一夕之功，聚焦长时段学习的项目学习更加关注学习过程，让学生充分拥有试错的权利，在不同老师的帮助下边学边调试学习状态，其达成的最终目标也因个体不同而具有多样性，帮助学生实现真正的个性化成长。

项目式学习一般是由多个子项目共同发力，并在较长时段内持续探索才能完成，不同类型的子项目帮助学生多路径通往学习目标，沉浸式的学习方式情境感更强，定制性更高，帮助学生选择适合自己的学习方式，多感官体验探索过程，更好地发现自我，在学习任务探索地图引导下持续探索，让学习变得有意思、有意义、有可能，以此促进学生的自主学习和深度理解，在更长的时间链条中聚焦问题解决的能力本身就是落实核心素养的过程，让学校真正成为帮助学生学会学习的地方。这一学习方式以持续性的长期探索作为机制保障，以丰富、多样、可选择的课程顶层设计作为基本原则，更加有利于学生综合素养的养成，更加关注学生能力的发展，更加强调学生的主动参与和素养落实，形式更加开放多元。

真实的任务驱动使得学习与生活融会贯通，以更加自然的方式进行学科融合，极大激发学生自主探索的欲望。在项目实施和实践过程中，学生综合运用多学科知识和学习方式解决问题，形成学习立体化网络。项目学习由课内延伸到课外，课程生态化，活动游戏化，将课堂、家庭、社区、城市视为一个个生态体验场，伴随场景的变换，参与的深度和广度不断深化，扩大体验半径，多学科知识、多种体验式场景成为提升学生核心素养的基石。

除了学习知识，项目式学习更重要的是为学生提供管理自我、解决问题、团队体验的成长空间，实现多元育人。通过项目实践，学生在合作共同体中自主规划任务和时间管理，准确表达与高效合作，逐步形成对社会、人、现象具有同理心关怀的人文素养，并且增强了意志力，塑造了良好的品质，从小就培养孩子健康的人际交往和社会适应能力。通过一段时间的沉浸式学习，学生文化自信、自我管理、合作意识、创新意识、责任意识等方面都得到了显著提升。真实任务的挑战让成长与生活链接，学生逐步具有适应未来生活的必备品格和关键能力。

除此之外，项目式学习也是一种文化自信内化的路径。要让文化遗产"活"起来，首先建立多个触点，让学生感受到、体验到文化遗产就在身边；其次建立话题，通过有意义、有意思、有可能的话题让学生去关注、讨论文化遗产；最后参与活动，引导学生用"五感六觉"，在亲身体验中感受文化遗产，产生灵魂情感的共鸣和共情。在学校中创造一个多元文化的环境，让学生感受不同文化的交融和碰撞。通过读中外文学著作、欣赏中国传统建筑与工艺等，感受多元文化魅力，对不同文化持有尊重、包容的心态，从而提高对自身文化的认识和认同。引导学生树立正确的人生观、价值观，提升创新精神和实践能力，促进个人价值实现。

沉浸式的、源自真实需求的项目式学习引导学生在一个个鲜活的项目中发挥主观能动性，在合作和探究中不断开发多元智能，并利用课程的多元评价指引探究过程，在真实的解决进程中，不断促进学生核心素养能力的提升。学生在这一过程中是充满探究乐趣并无比投入的，本书所收录的11 个典型项目式学习案例，无一不体现着这一特点。

三、促进高阶思维发展的表现性任务，成就学生个性化发展

对学生真正的"宠爱"是什么呢？或许是，让花成花，让树成树，让每个人成为他自己，让每个人更加认识自己。在面向个体的教育这条路上，助力学生自主成长的四类项目式学习给予学生最持久的"宠爱"。

项目式学习不是学生已有知识与能力的展现，而是知识与能力的再建

构；不是机械重复的训练，而是高阶思维的培养。高质量的问题解决过程和表现性任务成果的形成都离不开对核心知识与能力的习得和运用，项目的推进过程就是学生知识与能力建构的过程。学生在对世界进行探索、对目标进行分解、对操作进行复盘的过程中不断习得和运用知识与能力，既有对课堂知识的运用，也有思维的建构和提升——除去知识，落在学生身上的便是核心素养。知识与能力建构不仅源于操练，也有赖于教师在学习任务常设、学习资源支持、思维支架等方面的支持。项目不仅仅展现了学生的知识与能力，还有教师在项目中通过多种方式引导学生在思维上"跳一跳"，在常规做法中"换一换"，这对于学生成长有着深远意义。当然，这也意味着项目目标要精准指向知识与能力建构，指向核心素养，要让学生经历"有效失败"并在恰当的时机完成转化，让学习真实发生。

每一个项目式学习都对标到多个表现性任务的设计与实施，这些表现性任务因任务类型的不同而各具特色，仅以系列项目为例，系列项目根据项目特点还有不同的表现形式，有的按照时间顺序纵向展开各个子项目（例如"我是小学生了"），有的根据项目需求同一时间内横向展开各个子项目（例如《青鸟》），持续时间相对较长，项目规模相对较大，形式以要解决的真实问题类型的不同灵活调整。其优势表现在带领学生对学习本身的全方位深度探索，表现在以项目学习的方式推进并在整个过程中所设计的一个又一个让学生陷入真实困境的学习体验，表现在对"发现优势、挖掘潜能"的不断实践和探索，表现在学生全员、全程、全身心的倾情投入……多线并行的多个表现性任务共同支持学生个性化发展，让学习由多个学习阶段共同发力，由多样可选择的小任务激发学习兴趣，学习变成一件有意思、有意义、有可能的事情，学习过程的沉浸式体验成为学生爱上学习的"证据"。

君子和而不同，各美其美。学生个性化发展意味着挖掘不同学生的潜力，成就学生更多的成长可能性，但其底层逻辑从未改变，那就是帮助每一位学生成为更好的自己，树立更加完整、健全的三观，培养学生的公民意识。通过项目式学习，学生从书本走向社会、走近生活，关注现实生活中存在的问题，建立个体与集体的利益关联，使公民意识成为一种思维和行为方式。例如，通过参与解决校园内的实际问题，学生能够深刻理解个人行动对社区的影响，从而培养社会责任感和公民精神。在"一场主题运动会"中，学生不仅要考虑如何让运动会更加有趣和包容，还要思考如何通过运动会促进校园的团结和健康生活方式。这些活动有助于学生理解团队合作的价值和尊重多样性的重要性。在课间桌游的开发中，学生被鼓励考虑如何使游戏对所有学生都具有吸引力和可访问性，这不仅是一种创新挑战，也是一次社会共融的实践。通过这种方式，学生学习到公平和包容的原则，这对于他们成为负责任的社会成员至关重要。"草木华彩"项目通过让学生参与校园环境美化，不仅提高了他们对环保的认识，还使他们意识到自己在维护和改善共享空间中的作用。

校园生活中的一事一物都可以课程化，如少先队入队、十岁成长礼仪、校园小动物的喂养等，通过这些活动，学生学会了如何为了更美好的生活而合作，并认识到他们的行动如何影响着整个校园社区。以学生发展为中心的项目学习，就是这样不断挖掘学生的真实需求，不断研发适合学生的、学生喜欢的学习项目，让课程成为学生爱上学校的理由之一，这条路上，我们一走就是十年！

PBL

第四章

基于数据分析的
学生素养评测

随着《深化新时代教育评价改革总体方案》的深入实施，小学阶段的综合素养评价已然"站"在了教育改革的前沿。在这个以素养为核心的时代，如何全面而客观地评价学生的综合素养，不仅是对教育评价体系的挑战，更是提升学校教育质量、培养学生全面发展的关键所在。基于项目学习的综合素养评价，以其独特的多元性、过程性和个体差异性，展现了一种全新的评价模式。它通过综合运用观察、记录、口头反馈、书面报告等多样化评价手段，确保能够全方位、多角度地捕捉学生在项目学习中的每一个精彩瞬间和每一次成长。这种评价方式不仅关注学生的最终学习成果，而且更重视他们在项目式学习过程中的思考、合作、解决问题等能力的展现，从而及时发现并引导学生克服学习中的困难和不足。同时，基于项目式学习的综合素养评价深入理解每个学生的独特性，尊重他们的个性发展，通过个性化的评价方式满足学生的不同需求，激发他们的学习潜能。而评价中的及时反馈环节，则为学生提供了宝贵的机会，使他们能够及时认识并改进自己的不足，从而在学习的道路上不断前进。

现代教育技术中的数据记录与分析手段，为小学综合素养评价提供了前所未有的强大支持。通过学习数据的记录，我们可以更加客观地跟踪学生的学习轨迹，分析他们的学习特点和需求。而数据分析则能够帮助教师深入挖掘学生的潜能，为个性化教学提供有力依据。在技术支持下，基于项目式学习的综合素养评价不仅变得更加可行，而且其重要性也愈发凸显。它将成为推动学生全面发展、提升学校教育质量的重要力量。

项目式学习平台搭建

为了全面评价学生的综合素养，需要构建一个多元化的评价体系。然而评价体系需与目标系统一致，旨在全面、科学地评估学生的发展水平，引导学生综合素养的提升。

首先，以核心素养为导向。明确学校的育人目标，将学生的必备品格和关键能力作为评价的重要参考。这包括全球视野、有效沟通能力、自主学习能力等未来社会所需的关键素养。通过评价学生在这些方面的表现，引导他们向着新时代好少年的标准努力。

其次，构建目标设计模型。以大概念为核心，统整学科知识、技能目标，同时高度关注思维及社会性情感发展。这一模型帮助教师明确教学方向，确保评价与教学目标的一致性。同时，根据学生的年龄特点和认知水平，分阶段设定预期表现，为教师提供教学资源和参考。

最后，注重过程性评价及反馈。在项目学习过程中，观察学生的表现，记录他们的成长轨迹。通过口头反馈、书面报告等方式及时给予评价和指导。这种过程性评价能够真实反映学生的学习状态和发展水平，为后续的教学调整提供依据。

项目式学习数据分析和反馈

依托项目平台开展综合素养评价是现代教育发展的重要趋势，它通过数字化技术支持综合素养评价，为学生提供了全方位、个性化的学习支持和发展指导。

阶段一：建立数字化综合素养评价体系和搭建学生综合素养成长模型

依照学生素养评价理念，在项目式学习平台设计素养评价体系模块，在必备品格、关键能力、学科学业质量表现、思维能力发展和社会性情感发展等方面建立指标库，该指标库可用于项目式学习的指标关联和评价量规的指标关联。根据学生综合素养成长目标搭建学生成长模型，通过完成任务和被评价获取的能力素养，反映学生综合素养成长发展情况。

阶段二：根据学习目标制定评估方案，设置课程学习任务

在明确每学期的学习目标之后，各学科教师借助《学习目标-学习评估梳理表》将学习目标的知识能力点分项细目按照学习水平分层，并且提供适切的学习评估建议。在这个阶段，教师需要思考：学生通过哪些方式（例如：纸笔练习、问答题、观察、作业、日志等）证明自己达到了预期的成果？通过什么样的标准来评判目标达成的程度？教师需要根据学习目标的水平分层和学习内容来选择恰当的评估方式。详情见附表：一年级科学学科学习目标-学习评估梳理表（节选）。

对一些高阶思维能力的评估，需要通过真实情境下的表现性任务来进行。通常，表现性任务呈现给学生一个问题：设定一个具有挑战性和可能性的真实世界目标，学生为一个确定的对象（真实的或模拟的）开发具体的产品或做出相应的表现，而且还会在任务开始前告知学生评估指标和表现标准。

教研团队以《学习目标-学习评估梳理表》为依据，根据教材内容将相关联的三维目标进行整合打包，设计学科内或跨学科的项目用于做总结性评估，以高阶思维带动低阶思维，在学生完成综合性实践任务的过程中评估其学习目标的达成情况。评估方案不仅要明确评估的方式，还要根据学习目标制定评估标准，对学习目标不同程度的达成表现进行分级描述。这些量规等评估工具将会在学习阶段提供给学生，作为学生自评、互评的依据，引导学生根据评估标准进行自我调控，校准学习行为。详情见附表：二年级"遇到更好的自己"项目学-教-评一览表。

依据学-教-评一览表，项目的每一个环节都将与学习目标对应，项目过程的表现和产品都将成为验证学习目标是否达成的评估证据。老师将依据学-教-评一览表的指导开设项目学习，并通过项目平台进行学习过程及学习成果的信息收集。

在平台创建新任务时，每个项目的学习任务都能够关联相关素养能力标签，根据学习任务对学生能力的培养程度不同也做了不同积分（系数）的设定，旨在通过任务的完成和教师的点评反映学生能力的发展情况，形成客观的过程性学习记录和评价数据。

项目式学习的产品则进一步绑定了对应的评价量规，通过学生自评、学生互评、教师评等多角度基于量规的评价以及相应的参与权重、能力点的设定，进一步评测出学生自主学习、团队合作等能力的发展情况。关键能力不仅通过成果作品反映，还需要结合完成任务过程中的师生观察，通过结合学习任务高频次、高匹配性、多角度的量规评价，亦使关键能力的评价更为客观。

| | 项目信息 | > | | 角色设置 | > | ③ 环节设置 | > | ④ 学习评估 |

① **前置任务** ✎ 编辑 🗑 删除

ⓘ

任务活动　学习资源

序号	任务名称	任务类型	项目角色	素养标签	积分	任务模式	评价量规	评价时间	操作
1	100天庆典之钟表展示会邀请函	个人任务		自主学习能力	1	必做		需提交成果	编辑 删除
2	介绍一个钟表	个人任务		有效沟通和合作	1	必做		需提交成果	编辑 删除

＋ 新增任务活动

② **第一课时评估任务** ✎ 编辑 🗑 删除

ⓘ

任务活动　学习资源

序号	任务名称	任务类型	项目角色	素养标签	积分	任务模式	评价量规	评价时间	操作
1	画一个钟（表）	个人任务		数理逻辑能力	1	必做		需提交成果	编辑 删除

＋ 新增任务活动

③ **第二课时评估任务** ✎ 编辑 🗑 删除

ⓘ 合理安排我的一天

任务活动　学习资源

序号	任务名称	任务类型	项目角色	素养标签	积分	任务模式	评价量规	评价时间	操作
1	合理安排我的一天	个人任务		数理逻辑能力	0	必做		需提交成果	编辑 删除

图4-1　项目平台创建任务时关联素养能力标签

| 项目信息 | 角色设置 | 环节设置 | **4** 学习评估 |

教师评价表　Q 选择　我是低碳PD素养问卷-教师评-2023　　✕

教师评权重：　0.4

学生自评表　Q 选择　我是低碳PD素养问卷-学生自评-2023　　✕

学生自评权重：　0.2

学生互评表　Q 选择　我是低碳PD素养问卷-学生互评-2023　　✕

学生互评权重：　0.4

任务量规

序号	任务名称	任务类型	师评量规	自评量规	互评量规
1	发现环境问题：资料阅读与整理	团队任务	我是低碳PD-倡议书-评价量规-2023	我是低碳PD-发现环境问题：资料阅读与整理-能力自评	设置
2	分析环境问题——调查与设计	团队任务	我是低碳PD-节能、循环产品方案-评价量规-2023	我是低碳PD-分析环境问题——调查与设计-能力自评	设置
3	做出环保行动——宣传与评估	团队任务	我是低碳PD-宣传展示-评价量规-2023	我是低碳PD-做出环保行动——宣传与评估-能力自评	设置

图 4－2　项目平台创建任务时进行学习评估量规的绑定

阶段三：项目实施与相应的量规评价实践

在学期学习过程中，结合学生需求及课程要求，教师通过项目式学习平台面向学生发布项目，组织学生以不同形式参与和完成学习任务。学生通过手机访问系统平台，在课程包的资源指引下完成学习任务，并上传学习成果。学生和教师借助评估量规进行学生自评、小组互评、教师评价等多主体的评估。平台从按照任务的成果达成、教师评价作品质量、量规问卷的师生评价梯度对学生素养能力进行积分赋值统计和分析。

依托项目式学习平台开展综合素养评估的过程中，老师们开发了各种项目模式，有个人独立完成的必选项目和自愿选择的闯关项目，也有团队完成的协作项目。如一年级的必选项目"我的小小书"，要求孩子运用入学 100 天所掌握的知识，制作一本"我的小小书"送给自己，该任务考查学生语文字词掌握、字词书写、美术绘画等多学科能力之余，进一步通过作品成果的完成、作品介绍、作品评价，对一年级学生的自主学习能力、分析和批判性思维能力、鉴赏与表达能力等多方面必备能力的掌握情况进行评价分析。学生可以依据个人需求在项目平台上选择感兴趣的项目开展探究，也可以自由组队创建项目并邀请导师辅导。再如自选项目"坚果调查员"，要求学生对不同的坚果进行解剖和对比，记录不一样的发现并提出自己的问题。这一项目考查学生科学思维（提问能力）的同时，也训练和培养学生的对比分析、抽象概括、调查研究等综合能力。还有团队协作项目，学生以小组形式共同参与，通过团队成员的协商和分工，分别完成一部分或一阶段的成果，共同形成一个任务的总体成果，此类项目推进过程中极易发现学生个人优势和促进学生团队协作能力的培养，一般在任务分工时，学生更愿意选择自己擅长的内容去承担和完成；如"我是'低碳'探索者"项目中有"节能环保装置的展演汇报"任务分工安排，多由信息素养能力强的同学制作汇报的材料，由逻辑思维能力、表达能力强的同学进行汇报说明。团队协作任务通常多以量规评价来开展评价，通过学生个人、同学、教师多角度观察，更精准地反馈学生有效沟通和合作能力、人际关系处理、负责人的决策等多方面的综合能力。

阶段四：即时性与阶段性学习反馈，生成学生智能化成长报告

在学期末等阶段，通过过程性学习记录的客观数据，结合学业水平检测、教师评语等数据的录入，依据三维学习目标及多元智能理论模型进行数据分析，生成学生智能化成长报告。

报告基于整个学期的学习任务数据，从学生关键能力、必备品格、思维发展能力、社会性与情感发展、多元智能发展、学业水平等方面进行成长情况的呈现，同时丰富的学生作品成果、精彩瞬间、个性化评语等也为报告提供更为精准的依据和可读性。

项目式学习的功能与价值

1. 以项目任务为核心进行能力评估，展现学生思维能力发展成果。

新课标发布以后，明确提出鼓励教师开展单元整体教学，并倡导采用项目式学习来组织和实施教学，以项目任务为核心、项目学习平台为载体，大幅提高了学生多样态学习任务的学习组织、学习成果的收集、整理等管理环节的效率，减轻教师的工作负担；结合学生在项目学习过程中的学习进度和各学习任务的成果完成，点亮学生多元智能能力，展现学生思维能力发展成果。

2. 素养评估模型指导项目任务设计，提升教师设计和评估反馈能力。

在素养评估模型指导下，教师可以以终为始设计真实情境下的项目。在这个阶段，教师需要思考：哪些学习体验和教学能够达到预期的结果？优质的项目要兼具吸引力和有效性：吸引力体现在学习活动的设计不仅要学生享受学习的过程，而且要让他们投入到有意义的智力活动中，关注大概念和重要的表现性挑战；有效性指的是教学设计帮助学习者在完成有价值的任务时变得更有胜任力，更有成效，更能达到较高的标准。教师通过不断循环思考制定出高质量的学习任务，从而提升教师任务设计和评估反馈能力。

3. 学习评估指引学习进程。

传统的学习方式，多以学生完成作业进行学习成效的反馈，其反馈机制是：学生完成作业，教师批改对错，学生进行订正，教师复批，作业合格。作业的评价标准并不清晰，学生作为被评价的一方，很难了解作业的不足之处，很难发挥主动性，难以建立正向心态。

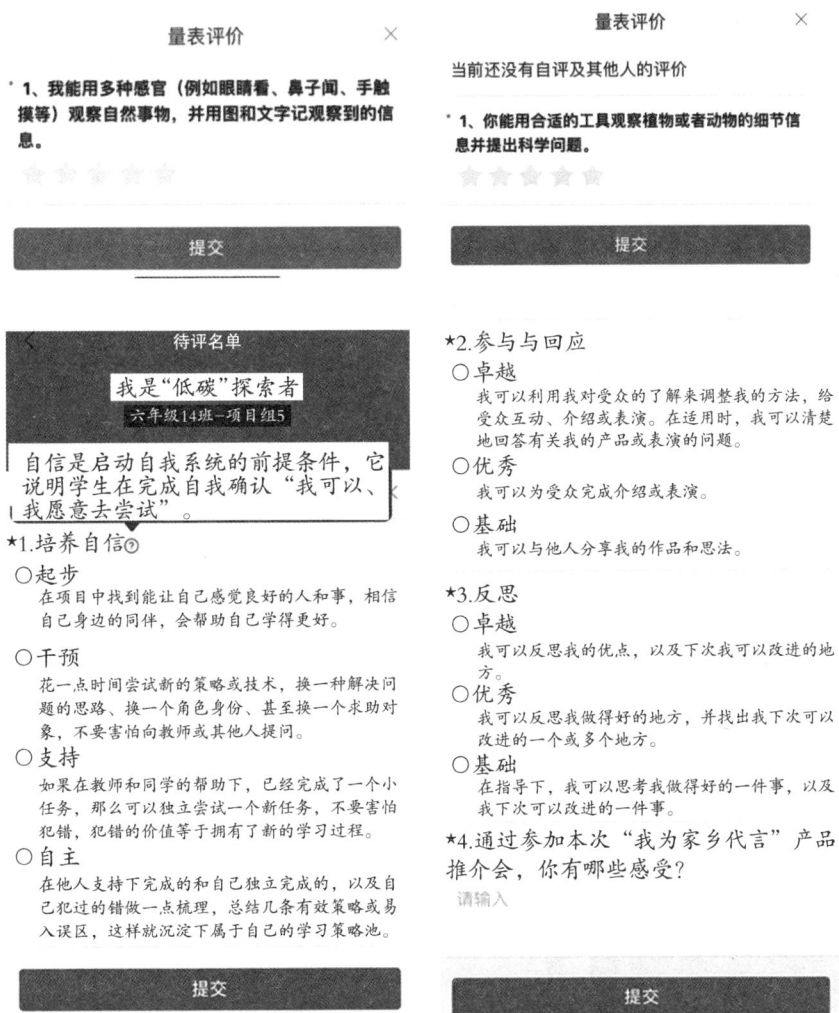

图4-3 项目式学习平台的项目评价界面

而在综合素养评价体系下，教师在发布学习任务的同时要明确学习的目标并提供相应的评估标准；学生在完成学习任务前要先查阅评估标准，有方向、有目标地完成任务；任务完成后，学生可以对照评估标准进行自评、小组互评，教师也进行相应的评价和指导；学生获得学习反馈后，再次对照标准完善学习成果。产品量规、成功标准和素养问卷成了指引学生学习进程的评估工具，在此过程中，学生会不断思考以下问题：我距离成功标准还有多远？我应该在哪些方面进行调整？学生借助评估标准进行自我反思和自我调控，逐步形成评估意识。这激发了学生学习的内动力，学生自主学习的能力也得到相应的提升，完成学习任务的同时是在不断地挑战自我，能感知到能力、触碰到能力、掌握到能力。

4. 成长数据可视化呈现，精准记录学生学习进程。

学生智能化成长报告通过对学生一个学期学习过程中产生的数据进行系统分析，勾勒出学生的学习轨迹，用一段长时间的任务学习和过程中能力发展的跟踪，反映学生各项素养能力的提升情况，帮助教师、学生、家长了解学生学习的发展和变化，学生能从报告的反馈中获得认可和成就感，为下一阶段学习找到目标和动力。

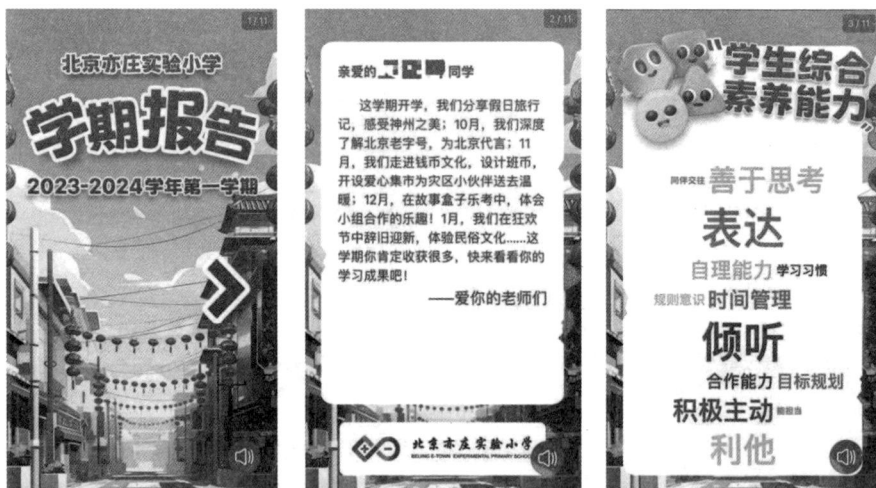

"思维发展能力分析"

—— 学习任务中的"思维能力"——

二年级的每个学习任务都非常重视思维品质的含量。我们将小学阶段1-6年级儿童思维发展的路径呈现出来，依托学习任务对13种基础思维和3种综合思维进行有梯度的培养。学生在亲历本学期学习任务的过程中，抽象概括、演绎推理、创意创造等思维能力将得以长足发展。

"社会性与情感发展分析"

—— 学习任务中的"社会性情感"——

二年级针对学生遇到的真实困境设计学习任务，学习任务关注学生社会性与情感发展(简称SEL)。学生亲历本学期SEL学习任务后，在人际关系技能(互助合作)、负责任的决策、自我意识等能力方面得以提升。面对挑战与任务，能够明确地安排并付诸行动，能够说清自己需求寻求家长或老师帮助的情况，并和同学互动建立合作关系，有效解决问题。

"多元智能分析"

- 语言
- 逻辑
- 空间
- 音乐
- 运动
- 人际
- 内省
- 自然

—— 我的才能小贴章 ——

音律表达

音乐韵律智能：指人的感受、辨别、记忆、表达音乐的能力，突出特征为对环境中的非言语声音，包括韵律和曲调、节奏、音高音质的敏感。

"打卡学习分析"

2023-09-05，开启了你的打卡学习；
2024-01-16，已经进行了178次打卡；
在本学期的英语阅读打卡活动中，你是当之无愧的"英语阅读小明星"：
你完成了94次英语绘本阅读打卡；
英语阅读量累计3544词；
阅读时长累计481分钟。
在本学期的寻找好故事阅读打卡活动中，你已完成了84次打卡；
阅读时长累计990分钟。
阅读已成为你生活中不可或缺的一部分。童年读什么，长大就拥有什么。希望书籍中的世界给你带来无尽快乐，希望阅读的美好习惯与你一生相伴。

"学业水平分析"

学科能力	学术水平	努力程度	参与与合作
语文 (李靖菲)			
识字与写字	A		
梳理与探究	A		
阅读与鉴赏	A+		
表达与交流	A+		
数学 (付嘉阵)			
运算能力	A		
应用意识	A+		
空间观念	A	A	A
量感	A+		
推理意识	B		
科学 (张鑫)			
态度责任	A		
科学思维			

"学业水平分析"

科学 (张鑫)			
态度责任	A		
科学思维	A		
探究能力	A		
体育 (陈晓婷)			
运动习惯	A		
运动能力	A	A+	A+
劳动 (付嘉阵)			
劳动能力	A		
劳动习惯和品质	A+		
道德与法治 (李靖菲)			
方案策划与问题解决	A	A	A
道德判断与实践	A+		
英语 (刘雅君)			
词汇认读	A+		

图 4-4 学生智能化成长报告

　　值得关注的是，报告的学业水平分析板块，不同于传统的学业成绩单直接给出各科分数，成长报告对各学科的素养能力进行了更细致的划分，例如语文学科从识字与写字、梳理与探究、表达与交流、阅读与鉴赏四个方面评估学生的学科核心素养，按照等级制的方式给出评价，而且教师根据学生日常课堂表现对其努力程度和参与合作情况进行评定。报告不采用分数反映学生的学业水平，通过更为直观的雷达图、太阳图以可视化数据形式帮助家长了解孩子发展情况，帮助家长更新教育理念：素养时代，应对未来的挑战应具备相应的品格和关键能力，而具体到小学阶段的教育，家长不应该过多纠结孩子的分数，而应该关注孩子在不同学科的各个核心素养维度是否达成了相应的发展，哪些是孩子的优势，可以向更高层次发展；哪些需要家长和老师的支持，帮助孩子均衡发展，从而改变家长对教育的看法，减少不必要的焦虑，真正关注学生的全面发展。

综上所述，有效建构学生综合素养体系，利用信息技术平台优势，进行数据记录与分析，在解决小学综合素养评价问题方面发挥了重要的作用。通过全面过程性收集信息、进行多角度客观评价、基于反馈提供改进指导等方式，帮助教师明确从哪些方向、用哪些办法更精准、高效地对学生进行综合素养评价和培养，帮助学生本人自主地去探索、去触碰、去掌握各项素养能力，帮助家长更直观地了解孩子综合素养的发展情况和发展方向；帮助学校更加科学、有效地开展综合素养评价工作，为提升学生的综合素养提供了有力的支持。

附 录

亦小项目式学习 GRASPS 汇总

项目序号 1

项目名称：民间故事汇

适用年级：五年级

表附 – 1 "民间故事汇" GRASPS 模型

目标（Goal）	举办一场有足够吸引力的民间故事汇。
角色（Role）	民族故事传播者。
受众（Audience）	北京亦庄实验小学中低年级学生。
情境（Situation）	讲民间故事有很多种方式，邀请你来做民间故事传播者，把民间故事讲得足够有吸引力。
产品或表现（Product/Performance）	民间故事汇：民间戏剧展演、民间故事皮影戏、民间故事剪纸、民间故事连环画、民间故事游戏等。
标准（Standards）（简略版）	角色塑造生动形象；剧情设计合理，有吸引力；产品宣传到位。

项目序号 2

项目名称：我为北京代言

适用年级：二年级

表附-2 "我为北京代言" GRASPS 模型

目标（Goal）	推荐北京最具打卡价值目的地榜单，吸引外地的老师和孩子来北京。
角色（Role）	北京打卡地推介官。
受众（Audience）	来自重庆、四川、深圳、山东等地的老师及他们的孩子。
情境（Situation）	来我校参加国培班的老师们非常期待以后有机会带着孩子来北京旅游，期待我们能提供一份北京打卡地排行榜。
产品或表现（Product/Performance）	北京最具价值的打卡地榜单。
标准（Standards）（简略版）	榜单介绍清楚、具体，能体现家乡独特性，有吸引力。

项目序号3

项目名称：上新了·神话

适用年级：四年级

表附-3 "上新了·神话" GRASPS 模型

目标（Goal）	围绕"上新了·神话"主题，深入研究、探索和设计与神话相关的创意产品和宣传活动，让更多的人了解、感受到神话的魅力和文化价值。
角色（Role）	神话文创新品开发员，既是创意策划者也是现代传播者。
受众（Audience）	学校的师生、家长，以及社区的各个成员，特别是对文化和艺术感兴趣的人群。
情境（Situation）	在今天这个快速发展和变化的时代，很多古老的故事和传统文化都面临着被遗忘的风险。神话虽然古老，但其中蕴含的哲理、人生观和价值观依然具有现代意义，学生需要思考如何用创新和有趣的方式，让神话重新焕发生机，吸引现代人的注意和兴趣。

（续表）

产品或表现 （Product/Performance）	神话文创产品，神话宣传活动。
标准（Standards） （简略版）	文创产品和宣传活动应体现出深入的神话研究和对其背后文化价值的理解，且具有一定的创新性；能够清晰、有逻辑地讲述文创产品的创作过程，能够根据受众的需求和兴趣策划宣传活动；文创产品和宣传活动能够有效吸引目标受众的注意，得到积极反馈和认可。

项目序号 4

项目名称：情绪杂货铺

适用年级：二年级

表附 -4 "情绪杂货铺" GRASPS 模型

目标（Goal）	识别并理解不同情绪，管理自我情绪。
角色（Role）	情绪识别师、情绪表达师、情绪调节师。
受众（Audience）	一、二年级学生，老师。
情境（Situation）	为了获得"情绪小天使"的称号，你想了解有关情绪的哪些方面呢？
产品或表现 （Product/Performance）	情绪杂货铺环境创设、情绪卡片、情绪地图、夸夸墙、情绪选择轮、情景剧表演。
标准（Standards） （简略版）	产品宣传/产品设计/表演受欢迎程度。

项目序号 5

项目名称：民族万花筒

适用年级：三年级

表附－5　"民族万花筒" GRASPS 模型

目标（Goal）	设计一个具有吸引力、可传播、有民族特色的产品。
角色（Role）	产品经理、产品设计师、产品制作者。
受众（Audience）	老师、同学及家长。
情境（Situation）	作为一名小学生，你能为传播民族文化做些什么呢？
产品或表现（Product/Performance）	产品设计说明。
标准（Standards）（简略版）	能够在充分了解不同民族的建筑、美食、服饰、游戏等文化后，设计出具有民族特色的产品，包括名称、用处、功能、设计理念等内容。 能够运用有逻辑、吸引人的语言流利地介绍设计的产品。

项目序号6

项目名称：十岁成长季

适用年级：四年级

表附－6　"十岁成长季" GRASPS 模型

目标（Goal）	举办一场有意义、有价值的成长典礼。
角色（Role）	导演、节目策划师、服装设计师、道具筹备师、演员、歌手等。
受众（Audience）	老师、同学及家长。
情境（Situation）	马上就要 10 岁了，你们想用什么样的形式和稚气的自己告别，迎接更加成熟、懂事的自己呢？
产品或表现（Product/Performance）	T 台展示秀、我想对您说、班级趣事三句半。
标准（Standards）（简略版）	能够设计并举办一场观众喜爱、富有意义的成长典礼，在活动中学会感恩父母和老师，实现自我成长。

项目序号 7

项目名称：奇宝寻踪

适用年级：四年级

表附 -7 "奇宝寻踪" GRASPS 模型

目标（Goal）	为校园寻宝活动设计活动方案。
角色（Role）	设计师、守护天使、寻宝家。
受众（Audience）	学生、老师。
情境（Situation）	为丰富课间活动，请你设计并完成一次寻宝（益智桌游）活动。
产品或表现（Product/Performance）	寻宝法器、藏宝图、宝藏（益智桌游）。
标准（Standards）（简略版）	能够找到寻宝天使并获得藏宝图；能够寻得宝藏。

项目序号 8

项目名称：学校二期加建小小设计师

适用年级：五年级

表附 -8 "学校二期加建小小设计师" GRASPS 模型

目标（Goal）	为学校二期加建所需部分物品进行设计。
角色（Role）	小小设计师。
受众（Audience）	全校师生。
情境（Situation）	学校正在进行二期加建，全校师生都非常关注。作为学校的小主人，请你也为学校的二期加建项目添砖加瓦，贡献自己的力量吧！

产品或表现 （Product/Performance）	停车场改造方案、安全警示牌设计方案、梯形课桌设计方案、游戏墙设计方案。
标准（Standards） （简略版）	能够合理使用工具进行设计。 能够根据要求设计出美观合理的作品。 能够创造性地运用所学知识来解决现实问题。

项目序号 9

项目名称：神奇的动物王国

适用年级：二年级

表附 - 9　"神奇的动物王国" GRASPS 模型

目标（Goal）	全班同学共同完成《神奇的动物王国》故事创编和戏剧表演，让观众对动物角色和故事留下深刻的印象。
角色（Role）	演员、剧务、编剧、道具师等。
受众（Audience）	本班家长和其他班级的同学。
情境（Situation）	期末庆典，二年级同学将表演一部戏剧《神奇的动物王国》，剧本源于同学们自主创编的故事，二年级学生将合作完成戏剧的表演、戏剧相关服装道具及门票和海报的设计和制作。邀请家长前来参加这场期末庆典，让家长看到孩子的成长变化。
产品或表现 （Product/Performance）	戏剧表演《神奇的动物王国》。
标准（Standards） （简略版）	能够清晰地理解和描述自己的角色和故事情节。 制作的服装、道具、海报和门票具有创意和实用性。 戏剧表演自信、流畅，并能够吸引观众的注意。 能够积极参与团队合作，共同完成表演任务。

项目序号 10

项目名称：动物博物馆

适用年级：一年级

表附 – 10   "动物博物馆" GRASPS 模型

目标（Goal）	在了解、探究动物种类、特征及习性的基础上，运用不同色彩和材料制作各种动物模型，最终创建一个动物博物馆。
角色（Role）	设计师、制作师、宣讲员。
受众（Audience）	一年级学生及家长志愿者。
情境（Situation）	为满足学生喜欢动物、近距离观察接触动物的需求，学校计划在校园内建立动物博物馆。
产品或表现（Product/Performance）	动物研究报告、动物模型及介绍牌。
标准（Standards）（简略版）	动物研究报告内容翔实，具体丰富，图文并茂，能清晰呈现动物的种类、特征及生活习性。 动物模型丰富多样，大小各异，形态多姿，样式美观。 动物介绍牌内容丰富、完整，能清晰呈现动物样态。

项目序号 11

项目名称：亦城新地标

适用年级：六年级

表附 – 11   "亦城新地标" GRASPS 模型

目标（Goal）	为北京亦庄新城设计一座具有地方特色的地标建筑。
角色（Role）	建筑设计师。
受众（Audience）	老师、同学。

情境（Situation）	为提升影响力，亦庄新城计划修建一座具有地方特色的地标建筑，展现亦庄经济和科技蓬勃发展的全新面貌。
产品或表现（Product/Performance）	建筑设计方案（包括模型、设计说明、竞标书等）。
标准（Standards）（简略版）	设计方案可行，对设计结构和使用材料提供明确的文字和图画说明，成本控制合理。 模型外观需具创新性、美观性，并蕴含一定的设计理念。 建筑模型的占地面积符合要求，高度尽可能高。 模型的承重、抗风、抗震性能优异。

项目序号 12

项目名称：点亮梦想的家

适用年级：四年级

表附–12 "点亮梦想的家"GRASPS 模型

目标（Goal）	为老师的新家提供装修设计和电路铺设方案。
角色（Role）	装修设计师和电路工程师。
受众（Audience）	老师、同学。
情境（Situation）	高老师的新家要进行装修，需要对室内布局进行设计，并进行电路的重新铺设，现在面向全体同学征集装修方案。
产品或表现（Product/Performance）	电路铺设方案、房屋装修方案。
标准（Standards）（简略版）	房屋空间布局合理，满足日常需求，实用性强。 电路设计安全科学，电路铺设方案绘制清晰。 模型中的灯泡可以被点亮，没有发生短路和断路，且与电路设计图相符。 模型外观干净整洁，电路走线清晰。 方案预算合理，经济可行，无浪费。

项目序号 13

项目名称：奔跑吧，小车！

适用年级：四年级

表附 – 13　"奔跑吧，小车！" GRASPS 模型

目标（Goal）	设计并制作一辆具有动力驱动的小车。
角色（Role）	汽车设计师、汽车工程师。
受众（Audience）	全体师生。
情境（Situation）	学校将举办汽车比赛，比一比谁的小车跑得更快。
产品或表现（Product/Performance）	小车模型。
标准（Standards）（简略版）	小车设计方案合理，设计图详细，图上标注尺寸、材料。 小车各部件连接合理，车架扎实，轮轴稳定，轮子转动灵活，制作时能及时发现问题并解决问题。 小车能够直线行驶，且运动速度较快。 能够在设计和制作过程中考虑成本，合理设计和购买材料。

项目序号 14

项目名称：自制乐器音乐会

适用年级：四年级

表附 – 14　"自制乐器音乐会" GRASPS 模型

目标（Goal）	用环保材料制作一件乐器，排练演奏一首曲子。
角色（Role）	乐团成员。
受众（Audience）	全校师生。

情境（Situation）	为迎接十周年校庆，学校将举办"自制乐器音乐会"，请各位乐团成员用环保材料制作一件乐器，排练演奏一首曲子。
产品或表现（Product/Performance）	自制乐器、乐器演奏。
标准（Standards）（简略版）	采用环保材料。 外观漂亮有创意，有个性化的设计。 能够演奏出一段优美的乐曲。 制作者能够讲解清楚自制乐器的发声原理，以及制作过程中出现的问题和解决方法。

项目序号 15

项目名称：温暖小窝——给班级宠物建个家

适用年级：一年级

表附 – 15　"温暖小窝——给班级宠物建个家"GRASPS 模型

目标（Goal）	选择合适材料设计并制作一个适合某种动物长期居住的人工居所。
角色（Role）	建筑师。
受众（Audience）	全体师生。
情境（Situation）	了解动物的习性和需求，合理选择适当材料，测绘并绘制设计图，为班级宠物造一个居所。
产品或表现（Product/Performance）	班级宠物的居所。
标准（Standards）（简略版）	具有科学性和实用性，以保证动物的生活需求； 便于展示和观察； 能够推向市场，并进行量化生产。

项目序号 16

项目名称：漫游安徒生童话王国

适用年级：三年级

表附 –16　"漫游安徒生童话王国" GRASPS 模型

目标（Goal）	共读安徒生童话故事，排演一出盒子戏剧。
角色（Role）	观众、设计者、制作者、读者、表演者等
受众（Audience）	同龄人、家长、老师
情境（Situation）	学校正在打造戏剧空间，由三年级负责打造"安徒生童话王国"。
产品或表现（Product/Performance）	制作一个戏剧盒子，并合作表演一出童话剧。
标准（Standards）（简略版）	能够梳理清楚故事情节，分析理解人物形象，拆解出经典的场景；能够合作演出经典童话，赢得观众的喜爱。

项目序号 17

项目名称：豆丁当家

适用年级：一年级

表附 –17　"豆丁当家" GRASPS 模型

目标（Goal）	通过参与综合主题实践活动，"做中学""学中做"，获得真实体验，掌握居家生活必备的基础知识和基本技能，提高学生生活自理能力。
角色（Role）	参与者、设计者、计划者、执行者。
受众（Audience）	低年级学生。

情境（Situation）	如果因为一些特殊情况，我们不得不居家学习，你要如何安排自己的一日生活呢？请用图文并茂的方式为自己量身定制一份一日计划，要注意丰富多彩、安全可靠、劳逸结合哟！希望你能够认认真真地执行这个计划。如果能把它做成一本小书，那就更棒啦！
产品或表现（Product/Performance）	一日生活计划表。
标准（Standards）（简略版）	能够独立或是在父母的帮助之下完成一日计划； 能从学习、运动、劳动、娱乐等多个方面安排自己的一日生活； 能知道一日生活中可能出现的安全隐患，做好安全提示； 能按照计划，做好实践。

项目序号 18

项目名称：我的交友秘籍

适用年级：二年级

表附 – 18　"我的交友秘籍" GRASPS 模型

目标（Goal）	制作交友秘籍，帮助学生形成初步的择友观。
角色（Role）	交友秘籍探索者。
受众（Audience）	低年级学生。
情境（Situation）	基于二年级的同学在人际交往与交友方面存在的现实问题，我们作为交友秘籍探索者，探索如何交友及与朋友相处的问题，让校园生活更加快乐、平和。
产品或表现（Product/Performance）	择友观的"词云"，矛盾消消卡，交友秘籍。
标准（Standards）（简略版）	矛盾消消卡和交友秘籍图文并茂，内容明晰。

项目序号 19

项目名称：我和春天有个约会

适用年级：一年级

表附-19　"我和春天有个约会" GRASPS 模型

目标（Goal）	用多种方式表达对春天的认识，感受和发现春天的美好。
角色（Role）	春天的观察者，服装设计师。
受众（Audience）	老师、同学、父母。
情境（Situation）	发现季节变化带来的美好，并用自己的智慧创造更多的美好。
产品或表现 （Product/Performance）	春日之书、春日服装秀。
标准（Standards） （简略版）	仔细观察周围的环境，用丰富的色彩和文字记录下春天的美好；借助春天的元素，用创意的方式设计并制作春日装扮。

后　记

致敬智慧原创，共筑深度学习之路

在这万物欣欣向荣的美好时节，我们即将欣喜地推出《深度学习：项目式学习设计与实施案例》一书。这本案例集，是北京亦庄实验小学近几年教育教学创新成果的结晶，它汇聚了各级部团队、学科组团队、首席教师团队的骨干教师以及一线教师们的智慧与汗水。在此，我们向所有参与案例创作的老师们致以最崇高的敬意和衷心的感谢！

深度学习，旨在引导学生通过项目式学习，主动探索、积极实践，从而达到对知识的深度理解和应用。这一理念的落地生根，离不开每一位教师的辛勤耕耘和不懈探索，这也将为我校育人使命——为每一个孩子的幸福人生奠基——的实现添砖加瓦。

回顾过去的岁月，我们见证了老师们如何一次次打破常规，创新探索。在深度学习的道路上，大家敢于挑战，敢于尝试，将理论与实践相结合，设计出一个个生动有趣、富有挑战性的项目；用心倾听学生的声音，关注他们的成长，让他们在项目中发现问题、解决问题，从而实现社会性与情感发展，培养批判性思维和创新精神。

这本案例集，是老师们智慧原创的结晶。每一个案例，都蕴含着他们对教育的深刻理解和热爱。老师们用智慧撬动每一个好奇的孩童，用文字记录下每一个精彩的瞬间，用图片定格下每一个感动的画面。这些案例，不仅是学校教育教学工作的宝贵财富，更是对深度学习理念的有力诠释。我们深知，每一个案例都凝聚着老师们的心血和汗水。他们牺牲休息时间，反复打磨案例；与同事们深入研讨，不断完善设计；在课堂上与学生互动，不断调整教学策略。正是有了老师们的辛勤付出，才有了这本案例集的诞生。

在此，我们再次向所有参与案例创作的老师们表示衷心的感谢！你们的智慧原创和辛苦付出，是学校教育教学工作不断前进的动力源泉。我们相信，在未来的日子里，我们将继续携手前行，共同探索深度学习的奥秘，为学生的全面发展贡献更多的力量。

让我们共同期待这本案例集的出版，它将成为学校教育教学工作的一张亮丽名片，也将激励更多教师投身到深度学习的实践中来。让我们以这本案例集为新的起点，开启深度学习的新篇章，共筑学校的美好明天！